Islam in den Medien - Stereotypisierung von Muslimen?

Bibliografische Information der Deutschen Nationalbibliothek:

Die Deutsche Nationalbibliothek verzeichnet diese Publikation in der Deutschen Nationalbibliografie; detaillierte bibliografische Daten sind im Internet über http://dnb.d-nb.de abrufbar.

Impressum:

Copyright © Science Factory 2018

Ein Imprint der Open Publishing GmbH

Druck und Bindung: Books on Demand GmbH, Norderstedt, Germany

Covergestaltung: Open Publishing GmbH

Inhaltsverzeichnis

1 Einleitung

Der Film „*My Name is Khan*" erzählt die Geschichte des muslimischen Inders Rizvan Khan. Nach dem Tod seiner Mutter zieht Rizvan in die USA zu seinem Bruder, der ihm dort bereits einen Job verschafft hat. Schon nach kurzer Zeit lernt er Mandira, eine alleinerziehende Mutter hinduistischer Herkunft kennen und verliebt sich in sie. Aus dieser Begegnung entsteht zunächst eine Freundschaft, die sich schon bald zur Liebe entwickelt. Das Glück des Paares wendet sich nach den Anschlägen am 11. September 2001. Die Auswirkungen dieses Attentates stellen einen festen Bestandteil des Filmes dar. In Folge der Anschläge wird Mandiras Sohn auf einem Spielplatz von anderen Kindern getötet. Mandira ist fest davon überzeugt, dass ihr Sohn zur Zielscheibe der Kinder wurde, weil sie selbst mit einem Muslim zusammen ist und beschuldigt Rizvan. Außer sich vor Trauer und Wut sagt Mandira: „Sag doch dem Präsidenten, dass du kein Terrorist bist, und dann kannst du von mir aus wiederkommen!". Rizvan nimmt sie beim Wort und macht sich auf den Weg um den Präsidenten zu treffen. Über große Umwege erhält er im Rahmen eines Interviews die Möglichkeit, dem Präsidenten den zentralen Satz des Filmes zu verkünden: "Mr. Präsident, mein Name ist Khan, und ich bin kein Terrorist".

Nach den Anschlägen am 11. September 2001 hat sich in weiten Kreisen der nicht-muslimischen Bevölkerung eine stereotype bzw. pauschalisierende Vorstellung von Muslimen etabliert. Auch dieser Aspekt führte dazu, dass Muslimen Eigenschaften wie Gewaltbereitschaft, Rückständigkeit und Irrationalität zugewiesen werden.

An dieser Stelle stellt die Medienpädagogin Sabine Schiffer die Frage, wie es möglich ist, dass 1,2 Milliarden muslimische Menschen, deren sozio-kulturelles Umfeld reich an Vielfältigkeit und Heterogenität ist „zunehmend als homogene Masse – als aggressiv, bedrohlich und rückschrittlich wahrgenommen werden?" (Schiffer 2004, S. 3).

Die mehrheitliche Ablehnung des Islams lässt annehmen, dass „die Angst vor dem Islam bei vielen Deutschen groß ist" (vgl. Buck 2014). Diese Angst und die ablehnende Einstellung gegenüber dem Fremden sowie die ablehnende Einstellung gegenüber muslimischen Personen wird heute als Islamophobie bezeichnet. Dieser Begriff wurde erstmals in Großbritannien im Jahre 1989 nach der Iranischen Revolution genutzt, um zwischen allgemeinen fremdenfeindlichen Einstellungen und der wachsenden Feindseligkeit gegenüber Muslimen zu entscheiden.

> „In der amerikanischen und europäischen Forschung hat sich der Terminus *islamophobia* beziehungsweise *Islamophobie* für die Beschreibung von Vorurteilen und diskriminierenden Verhaltensweisen gegenüber muslimischen Personen etabliert" (Schneiders 2009, S. 145).

Das Ziel der vorliegenden Arbeit ist der Frage nachzugehen, wie der Islam in den Medien dargestellt wird und ob diese medialen Darstellungen die Stereotypisierung des Islams begünstigen. Um untersuchen zu können, inwiefern der Islam stereotypisiert wird, ist eine Auseinandersetzung mit den theoretischen Konzepten erforderlich. Erst durch diese theoretische Auseinandersetzung lassen sich mögliche Stereotypisierungen in den Printmedien und TV erkennen und identifizieren.

Dazu werden zunächst, die für die vorliegende Arbeit relevanten Begriffe „Stigmatisierung", „Stereotypisierung" und „Vorurteile" anhand von Definitionen und theoretischen Konzepten ansatzweise beschrieben. Gegenstand des nächsten Kapitels sind die Medien und deren gesellschaftlicher Einfluss. In diesem Zusammenhang werden auch die Aufgaben und Techniken der Massenmedien dargestellt, um auf dieser Grundlage ein angemessenes Urteil über das mediale Islambild treffen zu können.

Im Anschluss daran wird das Islambild in den Medien untersucht, um zu zeigen, welche Eigenschaften Muslimen und dem Islam zugeschrieben werden und mit welchen Techniken dieses Bild zustande kommt. Das medial vermittelte Bild von Muslimen wurde bereits in einigen Studien untersucht. Dafür werden aktuelle qualitative und quantitative Studien herangezogen, mit dessen Hilfe gezeigt werden soll, welches Bild die Medien über den Islam bzw. über die Muslime vermitteln und ob die Einstellung der deutschen Bevölkerung durch diese mediale Berichterstattung geprägt wird. Im letzten Kapitel werden unter Rückgriff auf die zentrale Fragestellung die Untersuchungsergebnisse kurz skizziert, um dann ein abschließendes Fazit ziehen zu können.

2 Theoretische Ansätze

2.1 Stigmatisierung

Der Begriff „Stigma" findet seinen Ursprung im Griechischen und bedeutet „Zeichen". So markierten die Griechen mittels in den Körper gebrannten oder geschnittenen Zeichen den „moralischen Zustand des Zeichenträgers" (Goffman 1990, S. 9). Vor diesem Hintergrund brannte man Verbrechern, Verrätern und Sklaven in aller Öffentlichkeit ein Brandmal auf die Stirn, um den Zeichenträger als „unrein" zu deklarieren (vgl. Goffman 1990, S. 9). Die Stigmatheorie (1963) des amerikanischen Soziologen Erving Goffman bildet die Grundlage der modernen soziologischen und psychologischen Stigmaforschung (vgl. Piontek 2009, S. 10), da sich Goffmans Stigmabegriff in die „Definitions- und Ausgliederungsprozesse [...] der Stigmatisierung einbürgerte [...]" (Hohmeier 1975, S. 6). In seinem Werk mit dem Titel „Stigma: Notes on the Management of Spoiled Identity" verfolgt Goffman das Ziel eine Definition des Begriffs „Stigma" zu liefern und montiert dabei eine Reihe von Fallbeispielen aus der Sozialpsychologie ein. Neben Goffmans Arbeit gilt auch der Entwurf des Soziologen Thomas Scheff zur Etikettierungsheorie als wegweisend („Being Mentally ill: A Sociological Theory", 1966) (vgl. Piontek 2009, S. 10). Im psychologischen Kontext wurde die Etikettierungstheorie von Link et al. modifiziert und 1989 publiziert (vgl. Piontek, S. 10). Link und Phelan gaben später im Jahre 1999 ihr modifiziertes Stigma- Konzept „Labeling and Stigma" heraus (vgl. Piontek 2009, S.10). Die Auseinandersetzung um die Darlegung eines Stigma-Konzepts etablierte sich überwiegend im englischsprachigen Raum. Im deutschsprachigen Raum beschäftigte man sich erst um die Mitte der 1970er Jahre mit dem Stigma- Konzept. Autoren wie Hohmeier, Fiten, Cloerkes und Angermeyer, die in Deutschland viel hierzu publiziert haben, sind in diesem Zusammenhang von großer Bedeutung (vgl. Piontek 2009, S. 10).

Laut Goffmanscher Definition beschreibt der Terminus „Stigma" die Gegenwärtigkeit eines abnormalen Merkmals, das das Individuum entwertet bzw. in Verruf bringt (vgl. Goffmann 1990, S. 10). In erster Linie charakterisieren sich jene abnormalen Attribute durch eine diskreditierende Wirkung und konstituieren sich darüber hinaus aus dreierlei Typen von Stigmata. Erstens aus „physische[n] Deformationen" (Goffman 1990, S. 12). Zweitens aus „individuelle[n] Charakterfehler[n], die [als] Willensschwäche, beherrschende oder unnatürliche Leidenschaften [...] und Unehrenhaftigkeit" wahrgenommen werden (Goffman 1990, S. 12). Und schließlich drittens als „phylogenetische Stigmata von Rasse, Nation und Religion" (Goffman 1990, S. 13). Folglich wird das Individuum aufgrund eines Merkmals, das „zutiefst diskreditierend ist" (Goffman 1990, S. 1990) von vollkommener sozialer Akzeptanz ausgeschlossen (vgl. Goffman 1990, S. 7).

> „Ein Individuum, das leicht in gewöhnlichen sozialen Verkehr hätte aufgenommen werden können, besitzt ein Merkmal, das sich der Aufmerksamkeit aufdrängen und bewirken kann, daß wir uns bei der Begegnung mit diesem Individuum von ihm abwenden [...]. Es hat ein Stigma, das heißt, es ist in unerwünschter Weise anders, als wir es antizipiert hatten" (Goffman 1990, S. 13).

Im Wesentlichen spricht Goffman von einer sich in der Gesellschaft etablierenden Reihe von allgemein gültigen Attributen, die „zur Kategorisierung von Personen" fungieren (vgl. Goffman 1990, S. 9). Insofern „dürfte uns [im Alltag] der erste Anblick [eines Fremden dazu] befähigen, seine Kategorie und seine Eigenschaften, seine ‚soziale Identität' zu antizipieren" (Goffman 1990, S. 10). Infolgedessen modifizieren sich diese virtuellen bzw. subjektiven Antizipationen eines jeden Individuums vollkommen unterschwellig in normative Erwartungen, die sich wiederum in „rechtmäßig gestellte Anforderungen" revidieren (Goffman 1990, S. 10). Diese Forderungen bezeichnet Goffman als „im Effekt gestellte Forderungen". Die zugeschriebenen Kategorien und Attribute, die sich als wahrhaftig erweisen, werden als „aktuale soziale Identität" bezeichnet (vgl. Goffman 1990, S. 10). Im Grunde geht der Soziologe Goffman demnach von einem „Konstrukt der ‚sozialen Identität' [aus], das sowohl persönliche Charaktereigenschaften als auch strukturelle Merkmale beinhaltet, und unterteilt es in eine ‚virtuale' sowie ‚aktuale' Seite" (Piontek 2009, S. 11). Nichtsdestotrotz kommt es im Alltag zwischen diesen beiden Identitätsformen zu Diskrepanzen, da die zuvor bestimmten Zuschreibungen bzw. Forderungen an eine Person nicht zutreffen müssen. In diesem Fall kann es durchaus dazu kommen, dass Personen irrtümlich abweichende Attribute zugeschrieben und diese aufgrund dessen sozial ausgeschlossen werden (vgl. Piontek 2009, S. 11). Es sei an dieser Stelle darauf hingewiesen, dass ein bestimmtes Merkmal von manchen Menschen positiv und wiederum von anderen negativ konnotiert werden kann. Dementsprechend ist nicht das Merkmal selbst ausschlaggebend, sondern „die negative Definition des Merkmals" (Hohmeier 1975, S. 7). Ein Merkmal wird demnach erst dann zu einem Stigma, sobald es von dem Zuschreibenden als abnormal hingestellt wird (vgl. Piontek, S. 12).

> „Der Terminus Stigma wird also in Bezug auf eine Eigenschaft gebraucht werden, die zutiefst diskreditierend ist, aber es sollte gesehen werden, daß es einer Begriffssprache von Relationen, nicht von Eigenschaften bedarf. Ein und dieselbe Eigenschaft vermag den einen Typus zu stigmatisieren, während sie die Normalität eines anderen bestätigt, und ist daher als ein Ding an sich weder kreditierend noch diskreditierend" (Goffman 1990, S. 11).

Der Stigmatisierungsprozess zeichnet sich zudem durch die negative Determination eines vorhandenen Merkmals aus. Ausschlaggebend ist insofern nicht das Merkmal selbst, sondern dessen „negative Definition" (Hohmeier 1975, S. 7). Überdies werden dem Merkmalsträger weitere negative Attribute zugeschrieben, „die mit dem tatsächlich gegebenen Merkmal objektiv nichts zu tun haben" (Hohmeier 1975, S. 7). Aus diesem Grund gestaltet sich das Loslösen aus der Stigmatisierung geradezu schwierig. Folglich wird dem Stigmatisierten die Chance genommen in der Gesellschaft als ein „vollwertiger Interaktionspartner anerkannt zu werden" (Hohmeier 1975, S. 7).

2.2 Stereotyp

Der Terminus „Stereotyp" kommt aus dem „Griechischen (stereos = hart, fest, starr, typos = feste Form, charakteristisches Gepräge)" (Thiele 2015, S. 27) und bezeichnete ursprünglich einen technischen Vorgang in der Drucktechnik. In der Druckersprache dient der Begriff, so erklärt die Kommunikationswissenschaftlerin Martina Thiele, „zur Beschreibung des Druckens mittels feststehender Lettern" (Thiele 2015, S. 27). Im sozialwissenschaftlichen Diskurs wurde der Stereotypenbegriff erstmals 1922 von dem US-amerikanischen Journalisten Walter Lippmann in dessen Monographie „Public Opinion" als „Bilder in unseren Köpfen [beschrieben], die sich als schablonisierte und schematisierte Vorstellungsinhalte zwischen unsere Außenwelt und unser Bewusstsein schieben" (Lippmann 1922, zit.n. Bierhof; Frey 2006, S. 177). Durch eine 1933 von Katz & Braly durchgeführte Studie etablierte sich der Stereotypenbegriff auch in der Sozialpsychologie (vgl. Lilli 1982, S. 3). Die amerikanischen Psychologen beschreiben den Terminus als „einen starren Eindruck, der nur in geringem Maße mit der Realität übereinstimmt, und dadurch zustande kommt, dass wir zuerst urteilen und dann hinschauen" (Petersen/ Six 2008, S. 21).

Im Wesentlichen differenziert Lippmann zwischen den „Bildern in unseren Köpfen" und der Außenwelt (Lippmann 1964, S. 25). Letzteres charakterisiert der Autor als außerordentlich komplex und legitimiert auf diese Weise die Notwendigkeit „vereinfachender Bilder", die zur Realisierung der Welt erforderlich sind (vgl. Lippmann 1964, S. 25 ff.). Jedoch wird in diesem Kontext von einer Diskrepanz „zwischen den (inneren) Vorgängen des Wahrnehmens und Denkens und den (äußeren) Vorgängen in der Umwelt" (Lilli 1982, S. 3) gesprochen. So müssen Stereotypen nicht mit den Tatsachen in der Umwelt kongruieren. In diesem Sinne ist der Lippmannsche Stereotypenbegriff als ein „rationelles Verfahren des Individuums zur Reduktion der Komplexität seiner realen Umwelt zu verstehen" (Heringer 2010, S. 198). Dies hat seinen Hintergrund darin, dass die natürliche Beschaffenheit des Menschen dazu drängt, das wahrgenommene Unbekannte in bereits bekannte Muster zu staffeln, um sich so eine Orientierung zu verschaffen. Nach der Idee Lippmanns, beschreibt Heringer den Stereotypenbegriff, als einen Mechanismus der selektiven Wahrnehmung, der zur Bewältigung bzw. Orientierung in der Welt notwendig ist (vgl. Heringer 2010, S. 10).

> „Das ist ökonomisch. Der Versuch, alles frisch im Detail zu sehen statt als Typus und verallgemeinert, ist mühsam. Wir haben weder Zeit noch Gelegenheit zum genauen Anfassen. Stattdessen nehmen wir ein Merkmal auf, das für einen bekannten Typ typisch ist, und füllen den Rest auf über Stereotypen, die wir uns in unserem Kopf haben" (Lippmann 1922, S. 88, zit.n. Heringer 2012: 94).

Eine weitere mögliche Definition bietet der Psychologe Gordon W. Allport an; Stereotype sind demnach zu verstehen als „eine überstarke Überzeugung, die mit einer Kategorie verbunden ist. Sie dient zur Rechtfertigung

(Rationalisierung) unseres diese Kategorie betreffenden Verhaltens" (Allport 1971, S. 200). Das Entstehen von Stereotypen ist nach Allport eng mit wiederholten vorherigen Erfahrungen verknüpft, die „durch Selektion und Verschärfung" generalisiert werden (ebd. 1971, S. 199). Ob ein Stereotyp einen konkreten Wahrheitsgehalt aufweist ist bemerkenswerterweise für den Vorgang der Verfestigung bei dem es in einem positiven oder auch negativen Kontext Beachtung erlangen kann, nicht von Wichtigkeit.

> „[Die Stereotypensysteme] sind ein geordnetes, mehr oder minder beständiges Weltbild. [...]. Sie bieten vielleicht kein vollständiges Weltbild, aber sie sind das Bild einer möglichen Welt, auf das wir uns eingestellt haben. In dieser Welt haben Menschen und Dinge ihren wohlbekannten Platz und verhalten sich so, wie man es erwartet" (Lippmann 1964, S. 97, zit.n. Heringer 2010, S. 199).

Überdies hält Allport Lippmanns Abhandlung entgegen, dass dieser die Begriffe „Stereotyp" und „Kategorie" nicht voneinander getrennt verwendet (vgl. Allport 1971, S, 199 f.). Stereotype beschreibt Allport aus diesem Grund als eine feste Vorstellung, die eine Kategorie begleitet" (Allport 1971, S. 200) und verbindet so gesehen „die kognitive und die Wertfunktion der Stereotypisierung" miteinander (Tajfel 1982, S. 44).

> „Ein Stereotyp ist keine Kategorie, sondern eher ein festes Merkzeichen an der Kategorie. Sage ich: „Alle Rechtsanwälte sind Rechtsverdreher", so äußere ich eine stereotypierte Verallgemeinerung über eine Kategorie. Das Stereotyp bildet nicht den Kern des Begriffes, aber es wirkt in einer Weise, daß es differenziertes Denken über den Begriff verhindert" (Allport 1971, S. 201).

2.3 Vorurteil

Der englische Vorurteilsbegriff „prejudice" leitet sich von dem lateinischen Ausdruck „praejudicium" ab und hat in seiner langen Geschichte immer wieder einen Bedeutungswechsel erfahren. Seinen Ursprung findet der Begriff im Rechtsbereich (vgl. Abels 2009, S. 241). In der Antike stand der Ausdruck für „ein Urteil, das auf vorangegangene Erfahrungen und Entscheidungen basiert" (Allport 1971, S. 20). Im englischsprachigen Raum nahm der Begriff allmählich eine andere Bedeutung an, sodass man darunter nunmehr „ein vorschnelles oder hastiges Urteil" fasste (ebd. , S. 20). Für den heutigen

Sprachgebrauch „gewann der Begriff [gegen Ende des 17. Jahrhunderts] noch die gegenwärtige gefühlsbetonte Bedeutung des Günstigen und Ungünstigen dazu, die das vorschnelle und unbegründete Urteil begleitet" (ebd. 1971, S. 20).

In den sozialwissenschaftlichen Diskurs trat der Vorurteilsbegriff durch die klassische Definition des US-amerikanischen Psychologen Gordon Allport, der Vorurteile als unbegründete bzw. ungerechtfertigte Vorstellungen gegenüber Personen, Personengruppen, Ethnien, aber auch Religionen beschreibt (vgl. ebd. , S. 20). In Abgrenzung zu Stereotypen handelt es sich bei Vorurteilen um gruppenbezogene positive und negative Bewertungen, die auf zugeschriebenen Attributen fundieren (Stürmer/Siem 2013, S. 50). Jedoch werden in der Vorurteilsforschung überwiegend negative Vorurteile thematisiert, da deren Folgen gravierend sein können (vgl. Thiele 2015, S. 36). Unter Vorurteilen versteht der US-Amerikaner Earl. E. Davis:

„negative oder ablehnende Einstellungen einem Menschen oder einer Men-
schengruppe gegenüber, wobei dieser Gruppe infolge stereotyper Vorstellungen bestimmte Eigenschaften von vorneherein zugeschrieben werden, die
sich aufgrund von Starrheit und gefühlsmäßiger Ladung, selbst bei widerspre-
chender Erfahrung, schwer korrigieren lassen" (Davis 1964, S. 53).

Hohmeier (1975) begründet die Ausrichtung an Vorurteilen als eine anthro-
pologische Verankerung und „stellt die Entlastungsfunktion von Vorurteilen
heraus" (Piontek 2009, S. 14). So strebt die natürliche Beschaffenheit des
Menschen nach Ordnung und neigt daher zu einer wertenden Unterscheidung von Menschen und Personengruppen. Dieses Bestreben ermöglicht
dem Individuum – wohl bemerkt auf der Grundlage von fehlenden Tatsachen
– eine schnelle und präzise Orientierung in komplexen und unübersichtli-
chen Situationen.

„Die Neigung hat eine natürliche Begründung. Unser Leben ist so kurz, und die
Forderungen nach angepaßtem Handeln so groß, daß wir uns im täglichen
Umgang nicht durch unsere Unwissenheit stören lassen dürfen. Wir müssen
nach Klassen entscheiden, was für uns gut oder schlecht ist. Wir können nicht
jeden Gegenstand dieser Welt im einzelnen prüfen. Grobe und handliche Ein-
teilungen müssen genügen, so roh und vage sie auch sein mögen" (Allport
1971, S. 23).

Insofern bieten Vorurteile Verhaltenssicherheit und reduzieren zugleich Un-
sicherheit (vgl. Uslucan 2011, S. 14) Der Soziologe Zygmunt Baumann sagt,
dass es sich dabei um ein „Verlangen nach Ordnung [handelt], das uns dazu
bringt, in vereinfachenden Bildern zu denken, weil wir ohne Vorurteile ein
derartiges Maß an Komplexität berücksichtigen müssten, dass das Leben
selbst zu komplex würde" (Pelinka 2012, S. 13).

„Ein ethnisches Vorurteil ist eine Antipathie, die sich auf eine fehlerhafte und
starre Verallgemeinerung gründet. Sie kann ausgedrückt oder auch nur ge-
fühlt werden. Sie kann sich gegen eine Gruppe als ganzes richten oder gegen
ein Individuum, weil es Mitglieder einer solchen Gruppe ist" (Allport 1971, S.
23).

3 Der gesellschaftliche Einfluss der Medien

3.1 Funktionen der Medien

In einer modernen Informationsgesellschaft leisten Massenmedien einen unverzichtbaren Beitrag für den Informationsfluss. Dadurch erfüllen sie eine grundlegende Funktion im politischen System. Medien sind auch im Alltag weit verbreitet und ermöglichen einer Vielzahl von Menschen jederzeit das Abrufen von wichtigen und aktuellen Informationen zur „Orientierung in seiner Umwelt" (Wilke 2012). Vor diesem Hintergrund erscheint die Mediennutzung als ein bedeutender Bestandteil des Alltags um in relativ kurzer Zeit Informationen zu beschaffen. In diesem Sinne gestaltet sich die Informationsvermittlung als die wichtigste Aufgabe der Medien (vgl. Maletzke 1997, S. 36f.).

Während die Übermittlung von Nachrichten aus dem Ausland noch vor wenigen Jahrhunderten auf einige Wochen, wenn nicht sogar einige Monate dauerte, hat sich dies inzwischen stark beschleunigt. Dank der Technisierung kann man aktuelle Ereignisse und Hintergründe heute bereits am selben Tag abrufen. Laut Gerhards und Neidhardt haben die Massenmedien durch die Bestimmung der Nachrichtenagenden einen immensen Einfluss auf die Gestaltung der Öffentlichkeitsthemen. „In Gegenwartsgesellschaften konstituiert sich öffentliche Meinung, die vom politischen System wahrgenommen werden kann, in erster Linie durch massenmediale Öffentlichkeit" (Gerhard/Neidhardt 1990, S. 24). Zur Thematisierung bzw. Vermittlung von relevanten öffentlichen Themen wird insbesondere in komplexen Gesellschaften ein Organ mit einer starken Reichweite benötigt. Auf diese Weise können den Mitgliedern einer Gesellschaft relevante aktuelle Diskurse sowie politische Entscheidungen zugänglich gemacht werden. Innerhalb einer Demokratie kommt auf die Massenmedien und den Journalismus eine hohe Verantwortung zu. So hat der deutsche Presserat 1973, zur Qualitätssicherung und zur Wahrung der Berufsethik, für Verleger und Journalisten eine Sammlung von Regeln festgelegt. Dazu gehört beispielsweise die Sorgfaltspflicht während der Recherche und die Achtung der Wahrheit.

„Die Achtung vor der Wahrheit, die Wahrung der Menschenwürde und die wahrhaftige Unterrichtung der Öffentlichkeit sind oberste Gebote der Presse. Jede in der Presse tätige Person wahrt auf dieser Grundlage das Ansehen und die Glaubwürdigkeit der Medien" (Deutscher Presserat 2013, S. 4).

Die Relevanz dieser Professionalisierung und die dafür benötigten Qualitäts-standards erläutert Habermas mit Bezug auf den Einfluss in der Öffentlich-keit: „Nur dadurch, dass bestimmte Sachverhalte medial thematisiert, problematisiert und verbreitet werden – für sie also eine Öffentlichkeit her-gestellt wird – gelangen sie in das Bewusstsein der Gesellschaft" (vgl. Engel-mann 2010, S. 67).

In diesem Sinne sind Medien „als Wissensvermittler, Themensetzer und Ka-talysatoren öffentlicher Meinung" zu verstehen, die eine bedeutende Rolle in der Informationsgesellschaft spielen (Engelmann 2010, S. 62).

„Massenmedien filtern für die individuelle Meinungsbildung wichtige Infor-mationen und beeinflussen auf diese Weise das Bewusstsein der Menschen, für die sich Realität zunehmend über die Rezeption von Medien erschließt" (Butterwegge 1999, S. 67).

3.2 Techniken der Medien

In der Medienberichterstattung wird von diversen Medientechniken Ge-brauch gemacht (vgl. Schiffer 1996, S. 121). Vor diesem Hintergrund stellt die Kenntnis dieser eine wichtige Fähigkeit für die Medienrezipienten dar, um sich „ein souveränes Urteil bilden zu können, anstatt sich auf eine bestimmte Präsentation eines bestimmten Mediums [...] zu verlassen" (Jäger 2005).

Die Thematisierung eines Sachverhaltes bzw. Gegenstandes steuert die Wahrnehmung der Medienkonsumenten auf dieses Zeichen (vgl. Schiffer 1996, S. 121 f.). „Die Wahl eines bestimmten Zeichens- Wort oder Bild- ent-scheidet darüber, auf welchen Wirkungsausschnitt die Aufmerksamkeit ge-legt wird – und was ausgeblendet bleibt" (Schiffer 2004a, S. 28). In diesem höchst selektiven Prozess bedeutet jede Entscheidung für ein Zeichen den Ausschluss eines anderen Zeichens. Dieser Verzicht inkorporiert die Aus-blendung eines Sachverhaltes bzw. Gegenstandes, der ebenfalls im Zentrum stehen könnten. Am Beispiel einer Vortragssituationen erläutert die

Medienpädagogin Sabine Schiffer die erheblichen Konsequenzen dieser Praktik: „Heute sind 10 Brillenträger anwesend" (Schiffer 1996, S. 122). Entsprechend der vorangegangenen Überlegungen wird der Fokus der Rezipienten auf die anwesenden Brillenträger gelenkt. Nichtsdestotrotz werden alle anderen Merkmale sowie Personen, die auch hätten thematisiert werden können vollständig ausgeblendet (vgl. Schiffer 1996, S. 122).

> „Würde dieser Satz, der wahr ist, in einem Zeitungsbericht abgedruckt ohne weitere Beschreibung des Publikums, dann würde die Leerschaft davon ausgehen, dass außer den zehn Brillenträgern niemand anwesend war – da es präsupponiert, dass das Berichtete die Situation repräsentiert - also die ganze Wahrheit vermittelt wird" (Schiffer 2004a, S. 28).

Der Inhalt des Textes stellt ohne jeden Zweifel einen faktischen Umstand dar und entspricht in diesem Sinne der Wahrheit. Jedoch wird durch die Fokussierung eines bestimmten Ausschnittes aus der Sachlage „eine Wirklichkeit geschaffen, die der erlebten Wirklichkeit der am Vortragsabend Anwesenden nicht entspricht" (Schiffer 2005, S. 36). An diesem Beispiel wird die starke Einflussnahme auf die Sinnhaftigkeit eines Sachverhaltes besonders deutlich. Folglich erzeugen Medien durch ihre ausschnitthafte Darstellung „eigene mediale Realitäten", die nicht immer mit der Wirklichkeit kongruieren. Dementsprechend schaffen die Medien durch die Verwendung von bestimmten Zeichen fortlaufend Wirklichkeiten, die nicht mit dem Erlebten übereinstimmen (ebd., S. 36). In Anbetracht dieses Umstandes wird in der Erkenntnistheorie „zwischen Ereignis und Erscheinung" differenziert. Diese Unterscheidung inkorporiert, „dass jede Darstellung nicht das eigentliche Ereignis repräsentieren kann und sich somit auf den wahrnehmbaren Teil beschränkt" (ebd., S. 36).

Eine weitere Strategie stellt die Nutzung von Metaphern „und der daraus resultierende Eindruck einer Bedrohung" dar (Schiffer 1996, S. 28). Die Antisemitismusforschung verdeutlichte, „dass bestimmte Metaphern eine entmenschlichende Wirkung haben und eine Handlungsoption nahe legen" können (Schiffer 2005, S. 2). „Denn wenn jemand als gefährliches Ungeziefer ausgemacht wird, dann liegt es nahe, sich vor diesem zu schützen"(Schiffer 2004b). Wenn diese Schädlingsterminologie auf längere Sicht verwendet wird, kann sich im Zuge dessen bei den Medienrezipienten eine gewisse Einstellung gegenüber der thematisierten Gruppen konstituieren. In einem solchen medialen Kontext können Maßnahmen und Handlungsweisen gegen die thematisierten „Schädlinge" durchaus auch als legitim erachtet werden (vgl. ebd.).

> „Medien spielen bei der Konstruktion ‚des Anderen' oder ‚des Fremden' eine Schlüsselrolle. Im Zusammenspiel mit den Bereichen Politik, Wissenschaft und Alltag können sie eine nicht zu unterschätzende Wirkung auf die Bewusstseinsbildung in der Bevölkerung ausüben. Medien sind einerseits ‚Fenster zur Welt', andererseits haben sie jedoch auch immer eine Filterfunktion. Dabei verrät die Art und Weise des Filterns viel über die Zu- und Abwendung gegenüber dem Anderen wie auch über das Selbstbild" (Farrokhzad 2006, S. 55).

4 Das Islambild in den Medien

4.1 Printmedien

Medien dienen als eine wichtige Informationsquelle zum aktuellen Tagesgeschehen und erlauben einen Zugang zu Ereignissen, zu denen man sonst keinen direkten persönlichen Zugang hat. Viele Deutsche haben keinen Kontakt zum Islam und zu Muslimen (vgl. Gamper 2011, S. 31). Für sie stellen die Medien die einzige Gelegenheit dar, um „sich ein Bild über ihre muslimischen Mitmenschen zu erschließen" (ebd., S. 31). Auch Hoffmann spricht den Medien in diesem Zusammenhang eine „Schlüsselposition bei der Konstruktion des Islambildes in der Öffentlichkeit zu" (Engelmann 2010, S. 37). Die Überlegungen von Hoffmann und Gamper stellen die zentrale Rolle der Medien als sekundäre Informationsquelle zum Thema Islam deutlich heraus.

Bis zur Iranischen Revolution 1978/1979 erschien der Islam in den deutschen Medien als ein Randthema und beschränkte sich alleinig auf Ereignisse wie den Ramadan oder die Pilgerfahrt. Auch in der Nahostberichterstattung war der Islam zuvor eine Randerscheinung (vgl. Hafez 2009, S. 102). Das Interesse der Medien wurde durch die Iranische Revolution des Ayatollah Khomeini im Iran erweckt. Im Zuge dessen entwickelte sich der Islam zu einem weltweit beachteten Thema. Jedoch zeichnet sich diese Entwicklung durch eine „starke Politisierung des Islambildes und [...] eine Verengung der Themenauswahl, die wie bei fast keinem anderen Thema mit Fragen der Gewalt in Verbindungen gebracht wird" aus (Hafez 2006, S. 1). Dadurch ist fast jeder zweite Beitrag über den Islam, sowohl in der Boulevardpresse als auch in den seriösen Medien, auf Gewalt fixiert (vgl. Hafez 2011, S. 347). Auch die Anschläge am 11. September 2001 von New York und Washington hatten einen großen Einfluss auf die Medienberichterstattung. Im Zuge dessen nahm die Zahl der Artikel zum Thema Islam und Muslimen, in einem überwiegend negativen Rahmen, stark zu (vgl. Sachverständigenrat, S. 9). Einen wichtigen Einfluss hatten, neben dem Mord an dem Filmemacher Theo van Gogh, auch die Terroranschläge in London und Madrid im Jahre 2005. Infolgedessen konstituierte sich „eine strukturelle Krisenorientierung der Medien im Zusammenhang mit dem Islam" (Sachverständigenrat, S. 9). In Anbetracht der

Tatsachen wird deutlich, dass insbesondere in der Auslandsberichterstattung „die Negativwerte [...] durch die Fokussierung auf Gewaltkonflikte so hoch wie sonst nur im Bereich der Kriegs-und Krisenberichterstattung" sind (Hafez 2011, S. 347).

Nur die wenigsten können die Politisierung des Islam wahrnehmen und erkennen wie dem Islam „in seiner Gesamtheit Gewaltbereitschaft unterstellt" wird. Eine mögliche Erklärung für diesen Zustand liefert der Mechanismus des pars pro toto. Denn diesem liegt ein Prinzip zugrunde nach dem die Medienrezipienten, den von den Medien dargestellten Ausschnitt der Realität pars pro toto als ein Abbild der Gesamtsituation antizipieren.

> „So nähert die Summe der Einzelfälle, die pars-pro-toto als Gruppenphänomen wahrgenommen werden, die Vorstellung einer Bedrohung durch die Mitglieder der islamischen Gemeinschaft, der Merkmale der Zivilisation abgesprochen werden" (Schiffer 2005, S. 240)

Zudem ist der Gedanke einer „Untrennbarkeit von Politik und Religion im Islam" sowie die Gleichstellung „von politischem Islam mit radikalem Fundamentalismus und von Terrorismus und Extremismus" in den Medien weit verbreitet (Hafez 2009, S. 102). Durch die häufige Nutzung von Begriffen wie Fundamentalismus, Terrorismus und Islamismus geht die Bedeutung dieser Begriffe mittlerweile förmlich ineinander über. Infolgedessen erscheint alles „Islamische als fundamentalistisch oder terroristisch" (ebd., S. 49). Als ein zusätzliches Defizit bestimmt Hafez in diesem Zusammenhang „weniger worüber berichtet wird, als worüber nicht berichtet wird" (Hafez 2013, S. 347). Laut Hafez sind zwar im deutschen Journalismus zahlreiche gute Artikel und Beiträge vorhanden, jedoch ähnele die anhaltende thematische Anordnung sowie die Fokussierung des Gewaltkomplexes, „einer Art aufgeklärter Islamophobie" (Hafez 2011, S.349).

Durch die mehrheitlich negative Islamberichterstattung, kommt es unter anderem zu einer Stereotypisierung, die aus der Gesamtheit der Muslime gewalttätige Terroristen und Extremisten macht und fromme Muslime nicht von diesen differenziert (vgl. Wahl 2011, S. 8). Diese Stereotype der Gewalttätigkeit und der Bedrohung sind unter anderem auf die immense Reduzierung in der Berichterstattung zurückzuführen. Insofern werden Muslime vorwiegend als gewalttätig charakterisiert und als eine Bedrohung für die westliche Welt dargestellt (vgl. Schenk 2011, S. 48). Für diesen Prozess sind nach Schiffer unter anderem auch Schlagwörter, die in Form von Metaphern erscheinen von besonderer Relevanz. Neben diesen Schlagworten wird bei der medialen Repräsentation von Muslimen auch von bedrohlichen und gewaltverherrlichenden Metaphern Gebrauch gemacht, die eine entmenschlichende Wirkung haben (vgl. Schiffer 2004, S. 233): „Wenn von Islamismus als ‚Krebsgeschwür' die Rede ist, dann evozieren diese Angst machenden Etikettierungen den Ausrottungsgedanken" (Schiffer 2005).

Hafez stellt nachdrücklich den dominierenden Charakter der Bildsprache in Text-Bild- Konstellationen heraus.

> „Schleier, Massenfotografien vor allem von Mekka und von Demonstrationen, Koran, Kinder und Kalaschnikows, die Prachtbauten des arabischen Golfs, islamische Schlachtrituale und Geißelprozessionen aus dem Iran" (Hafez 2006b, S. 2).

Zu ähnlichen Ergebnissen kommt auch Lueg und unterstreicht, dass die Bemühungen der Medienmacher, den Islam sachlich darzustellen durch die Verwendung von pauschalisierenden, verkürzenden und klischeehaften Darstellung in die Brüche geht (vgl. Lueg 2000, S. 28). Als Beispiel führt Lueg zunächst den Titel der Focus Ausgabe vom 01.10.2001 an: „Die missbrauchte Religion". In dem dazugehörenden Artikel wird thematisiert „wie eine kleine Zahl von Terroristen die Masse der gemäßigten Muslime in Verruf bringt" (ebd., S. 28). Wie auch aus dem Beispiel hervorgeht sind durchaus Ansätze aufklärerischer Darstellungen vorhanden, die jedoch durch die Verwendung der Bildsprache zunichte gemacht werden. Auch dieser Beitrag demonstriert die problematische Seite der Bebilderung von Artikeln, da nach wie vor klischeehafte Bilder verwandt werden. So werden in der Islamberichterstattung, genauer gesagt auf der Ebene des Bildes, weiterhin mehrheitlich „Turban tragende Männer, vermummte Jugendliche und tief verschleierte Frauen" (ebd. S. 28) abgebildet. Vor diesem Hintergrund wirken publizierte Bilder „wie jüngst von verschleierten Frauen mit deutscher Fahne während der Fußballweltmeisterschaft" positiv schockierend (Hafez 2013, S. 348) und stellen einen starken Kontrast zu dem bisherigen Bild dar.

Nach Schiffer werden diese Bilder gezielt eingesetzt und erlauben dadurch unterschiedliche Sachlagen, die ursprünglich keinen Sinnzusammenhang aufweisen, durch die Bebilderung miteinander zu verknüpfen. Zudem suggeriert der Gebrauch von Bildern einen Eindruck der Authentizität, weil er von den Medienrezipienten als ein Abbild der Realität verstanden wird. Als Beispiel führt die Autorin einen Artikel über einen Terroranschlag an, dem ein Bild mit betenden Muslimen in einer Moschee beigefügt worden ist. Auf diese Weise wird „das Attribut ‚Gewalt' durch den künstlich erstellten Zusammenhang auf alle Muslime übertragen und der Islam automatisch negativ konnotiert" (Schiffer 2005). Entsprechend der vorangegangenen Überlegungen lässt sich auch die mediale Repräsentation der muslimischen Frauen beschreiben. Suggeriert wird hierbei, dass das Kopftuch ein „Symbol der Unterdrückung" sei (Derichs 2002, S. 65). Hinzukommend beschreiben, sowohl Toker (1996) als auch Pinn und Wehner (1996), dass muslimische Frauen dominierend in der Rolle des Opfers und als „Objekt der Unterdrückung" dargestellt werden (Hübsch 2008, S. 30). So nimmt die Stereotypisierung auf der bildlichen Ebene durch die wiederholte Darstellung von prägnanten Bildern wie z.B dem Kopftuch für den Islam zu (Schenk 2009, S. 53).

> „Ob es um die Situation in fernen Ländern geht, oder um die Zuwanderungsdebatte in Deutschland, um terroristische Strukturen in bestimmten Organisationen oder um islamischen Religionsunterricht: das Kopftuch hat Symbolkarriere gemacht. Eine fest etablierte Assoziationskette wird hier ausgeschöpft, die von der Unterdrückung bis zur Unterwanderung reicht" (Schiffer 2004b).

Die visuelle Repräsentation von Muslimen in den Medien kann diese Pauschalisierung verstärken. Bekanntlich erfolgen Sinn Induktionen durch die Konstellation von Bild und Text. Voll verschleierte Frauen sind das gängigste Beispiel. Die Anwendung von negativen Symbolen kann die Rezipienten zu voreiligen Rückschlüssen verleiten. Die Abbildung einer verschleierten Frau kann pars pro toto den Eindruck erwecken, dass die Mehrheit der muslimischen Frauen in Deutschland ihr Gesicht in der Öffentlichkeit verbergen. Dieserlei Suggestionen wie auch Assoziationen können Vorurteile fördern (vgl. Schiffer 2005, S. 26).

Zudem etabliert sich durch eine zunehmende homogenisierende mediale Darstellung der Muslime, im Bewusstsein der nicht-muslimischen Mehr-heitsbevölkerung ein negatives Bild über den Islam (vgl. Schiffer 2004a, S. 4). Die unterschiedlichen Strömungen und die komplexen ethnischen und ge-sellschaftlichen Umstände dieser überaus heterogenen Religion finden in der Berichterstattung kaum Beachtung. Stattdessen wird der Islam als „monoli-thischer Block" beschrieben und mit Fundamentalismus auf dieselbe Ebene gesetzt (Lueg 2002, S.16).

> „Ob es sich um Muslime in Deutschland, Nordafrika, auf der arabischen Halb-
> insel oder in den GUS- Staaten handelt, immer verschwinden deren Unter-
> schiede hinsichtlich Nationalitäten, Sprache, Kultur und Hautfarbe unter dem
> alles einenden Band der Religion, des Islam (Kuske 1994, S. 252).

Da sich das Interesse der Medien vorwiegend auf die radikale Dimension des Islam beschränkt sind positive Ereignisse kaum bekannt. Beispielsweise ist Badschah Khan ein „Muslim, der in Pakistan zigtausend Menschen zu friedli-chen Protesten mobilisierte [...] und 1985 für den Nobelpreis vorgeschlagen wurde" kein Gegenstand der Medien gewesen (Hafez 2009, S. 105).Stattdes-sen werden „in der Regel [...] Minderheiten herausgegriffen und diese reprä-sentativ für die Gesamtheit der Muslime dargestellt. Was dadurch konstruiert wird, ist ein einziger monolithischer Block" (Karim 2004 zitiert nach Wahl 2011, S. 25).

Aufgrund der fehlenden persönlichen Kontakte zwischen Muslimen und Nicht-Muslimen wird das Islambild größtenteils durch die Massenmedien ge-prägt (vgl. Gamper 2011, S. 31). In Anbetracht der Tatsache, dass Muslimen in den Medien die Handlungen und Verhaltensweisen zugeschrieben werden, die in Wirklichkeit nur bei einer Gruppe von Muslimen vorliegt, gestaltet sich die mediale Informationsbeschaffung über andere Religionen als höchst be-denklich. Hierbei besteht das Risiko, dass sich das dargelegte Islambild in den Köpfen der Rezipienten festsetzt (vgl. Hafez 2014, S. 11).

> „Zu sagen, dass alle Muslime Terroristen sind, obwohl sich die meisten von
> Terrorismus distanzieren, oder zu behaupten, dass alle Muslime die Demokra-
> tie ablehnen, obwohl die Mehrheit der Muslime Demokratie gutheißt, ist eine

undifferenzierte Einstellung, das heißt ein Beispiel für die Homogenisierung und damit Stigmatisierung von Menschen" (ebd., S. 11).

Zudem wird der Islam in den Medien häufig als ein Gegenmodell zum westlichen Wertesystem, das sich vorwiegend durch Freiheit, Individualismus und Gleichheit auszeichnet, dargestellt. Auf diese Weise wird den Muslimen zugleich „eine Lernfähigkeit und Wandelbarkeit, auch bezüglich einer Hinwendung zu diesen Werten abgesprochen" (Gamper 2011, S. 34). Diese stereotype Darstellung beschränkt sich dabei nicht nur auf die Rückständigkeit der islamischen Länder, sondern schließt auch die Muslime selbst ein, die „als Gegenpol zum guten zivilisierten Westen stigmatisiert" (Schenk 2009, S. 49) werden.

Der ehemalige Vorsitzende des Zentralrates der Juden in Deutschland, Ignatz Bubis, stellte 1999 fest, „dass das heutige Islambild ihn in vielerlei Hinsicht an das frühere Bild des Judentums im 19. und 20. Jahrhundert erinnert" (Hafez 2011, S. 348).

> „Wie Juden sind Muslime gegenwärtig dem Verdacht ausgesetzt, über eine Ideologie – den Islam, insbesondere den politischen Islam – zu verfügen, die sie zur Vernichtung der westlichen Kultur oder zur Eroberung des christlichen Abendlandes einsetzen" (Hafez 1999, S. 129, zitiert nach Gamper 2011, S. 34).

In den deutschen Medien werden die kulturellen und religiösen Aspekte des Islam nahezu ausgeblendet. Infolgedessen wird der Blick gänzlich auf Aspekte wie den Moscheebau sowie auf die Kopftuch- und Minarettendebatten geschärft. Dabei betont Schiffer, dass der theologische Islam kaum in den Massenmedien erscheint und beschreibt daher das Islambild der Medien als ein „eigenes Konstrukt" (Schiffer 2013, S. 123).

Eine mögliche Erklärung für diese eindimensionale und überaus negative Darstellung liefert die Tatsache, dass negative Nachrichten und Katastrophenmeldungen bessere Auflagen garantieren. Daher orientieren sich Journalisten dominierend an der Maxime „only bad news is good news" (Butterwegge 2006, S. 188 f. , Pinn 1997, S. 228, Schiffer 2005, S. 25). Diese Maxime liefert eine mögliche Erklärung für die mehrheitlich negative Berichterstattung über den Islam, deren Folgen gravierend sind. Diese Ausrichtung an negativen Ereignissen wirkt sich stark auf die Wahrnehmung des

Islam aus, da auf Dauer eine Mehrzahl von negativen Berichten über Muslime und den Islam publiziert werden.

> „Je weiter weg Journalistinnen und Journalisten sich vom tatsächlich erlebten Islam in der Nachbarschaft bewegen, je weniger sie über direkten Kontakt mit Muslimen berichten, desto unsachgemäßer werden die Aussagen, desto wilder die Urteile. Mit dem Abstraktionsgrad steigt die negative Beurteilung der Religion des Islam" (DII 2001, S. 8, zitiert nach Gamper 2011, S. 32).

Im Gegensatz zu Butterwegge vermutet der Orientalist Peter Heine den Ursprung dieses negativen Islambildes im mittelalterlichen Europa, „wo die technologische und intellektuelle Überlegenheit der Muslime schmerzhaft deutlich gewesen sei" (Lueg 2002, S. 24). Bis zum 14. Jahrhundert haben orientalische und muslimische Gelehrte, den Westen Europas, mit dem Wissen aus der Antike versorgt, auf dieser Grundlage seien dann die „modernen Geistes- und Naturwissenschaften in Europa entstanden" (ebd., S. 24). Nichtsdestotrotz weist die Journalistin auf einige erkennbare Veränderungen in den Medien hin, durch die versucht wird, „nicht immer nur über die Schreckensbilder Islam zu berichten und ein breiteres Spektrum an Meinungen aus der islamischen Welt zu Wort kommen zu lassen" (ebd., S. 28). So wurde beispielsweise nach dem 11. September laufend erläutert, dass zwischen den Begrifflichkeiten Fundamentalismus, Islamismus und Islam ein großer Unterschied besteht. Auch in vielen Talkshowrunden wurde zunächst thematisiert, inwiefern der Islam mit Terroranschlägen, Extremisten und Selbstmordattentaten in Verbindung steht (vgl. ebd., S. 28).

An dieser Stelle steht die Frage im Raum inwiefern sich das bereits skizzierte Islambild in den Medien auf die Einstellung der nicht-muslimischen Mehrheitsbevölkerung auswirkt. Im nächsten Abschnitt wird daher eine Sonderauswertung des Religionsmonitors zum Islam von 2015 herangezogen, um zusätzlich die Einstellung der deutschen Mehrheitsbevölkerung zum Islam zu untersuchen.

Der Religionsmonitor zum Islam, eine umfangreiche Studie der Bertelsmann-Stiftung, untersuchte in einer Sonderauswertung (2015) die Einstellung der Deutschen zum Islam und die Ursachen für die unterschiedlichen Facetten der Wahrnehmung (vgl. Religionsmonitor 2015, S. 2).

Im Rahmen dieser Untersuchung stimmten 90 Prozent der hoch-religiösen sunnitischen Muslime der Aussage zu, dass die Demokratie eine gute Regierungsform ist. Der Zugstimmungsgrad der mittel- und weniger religiösen Sunniten entspricht ebenfalls diesem Prozentsatz. Diese Antworten widersprechen dem im letzten Abschnitt herausgearbeiteten Stereotyp der Rückständigkeit der Muslime und des Islam. Die erfassten Antworten zeigen ziemlich deutlich eine positive Einstellung gegenüber der Demokratie und verneinen dadurch auch das Stereotyp des unzivilisierten Muslims. Die hohe Zustimmung zu gesellschaftlichen Grundwerten und die profunden Kontakte zu Menschen anderer Religionszugehörigkeit fundieren in Unabhängigkeit „von der Intensität ihres religiösen Glaubens eine hohe Verbundenheit mit Deutschland" (ebd., S. 4).

Überdies haben 90 Prozent der Befragten Muslime in ihrer Freizeit regelmäßig Kontakt zu nicht- Muslimen, 60 Prozent „verfügen über mehr Freizeitkontakte außerhalb als innerhalb ihrer Religion" (ebd., S. 4). Lediglich 8 Prozent der Befragten „bewegen sich in einem rein muslimischen Freizeitnetzwerk" (ebd., S. 4). Die vorhandenen „vielfältigen Beziehungen zu Menschen anderer Religionszugehörigkeit" widerlegen die gängigen Hypothesen zu muslimischen Parallelgesellschaften, da „das interreligiöse Zusammenleben aus der Perspektive der deutschen Muslime relativ gut funktioniert" (ebd., S. 4). Insofern sind die „Grundvoraussetzungen für den Zusammenhalt in Gesellschaften" von Seiten der Muslime durch die geteilten Grundwerte und vielfältigen gesellschaftlichen Beziehungen weitestgehend vorhanden (ebd., S. 4).

Im Jahr 2012 gaben 53 Prozent der befragten nicht-Muslime an, dass der Islam „sehr" oder „eher" bedrohlich sei. Im November 2014 stieg dieser Wert auf 57 Prozent an. Ein deutlicherer Anstieg erfolgte bei der Bejahung der Aussage „der Islam passe nicht in die westliche Welt". Während im Jahr 2012 bereits 52 Prozent der nichtmuslimischen Mehrheitsbevölkerung dieser Meinung waren, sind es 2014 ganze 61 Prozent (ebd., S. 8).

In Westdeutschland beläuft sich der Anteil derjenigen die den Islam bedrohlich finden, auf 55 Prozent - in Ostdeutschland auf 66 Prozent. Am höchsten ist dieser Wert in Sachsen mit 78 Prozent „und in NRW mit 46 Prozent am niedrigsten" (2015, S. 8)

Der Aussage: „Durch die vielen Muslime fühle ich mich manchmal wie ein Fremder im eigenen Land" (ebd., S. 7) stimmten in Ost- und Westdeutschland einheitlich 40 Prozent zu. Landesweit stimmten 24 Prozent mit einem „voll und ganz" oder „eher" für die Untersagung der Zuwanderung von Muslimen. In Westdeutschland liegt dieser Anteil bei 22 Prozent und in Ostdeutschland bei 29 Prozent (ebd., S. 8). Diese Ergebnisse verdeutlichen die ausgeprägten Ängste der Deutschen vor einer Überfremdung.

Die Untersuchung zeigt zudem, dass Muslime trotz ihrer Offenheit „eine zunehmend ablehnende Haltung seitens der deutschen Mehrheitsbevölkerung" erfahren (ebd., S. 8). So wird der Islam von mehr als der Hälfte der nichtmuslimischen Mehrheitsbevölkerung als eine Bedrohung wahrgenommen. Fast jeder zweite gibt an „sich durch Muslime wie ein Fremder im eigenen Land zu fühlen" (ebd., S. 7). Bemerkenswerterweise liegt die Furcht vor Überfremdung auch in vielen ostdeutschen Regionen, in denen man „so gut wie nie mit Muslimen in Berührung kommt" bei rund 40 Prozent. Diese Ergebnisse verweisen eindeutig auf die Stereotype der Gewaltbereitschaft und der Bedrohung des Westens durch Muslime, die sich in den Köpfen der Befragten bereits festgesetzt haben.

Das Unbehagen der deutschen Mehrheitsbevölkerung gegenüber Muslimen muss unbedingt ernst genommen werden. Es wird nicht geringer, indem man es leugnet. Im Gegenteil bietet die zunehmende Ablehnung des Islam „einen Nährboden für rechtspopulistische Parteien, deren Programm meist auch eine politische Agenda gegen Muslime enthält" (ebd., S. 7).

Insgesamt wird deutlich, dass sich das Islambild in Deutschland in den letzten Jahren deutlich verschlechtert hat. Demnach scheint sich die Berichterstattung über den Islam auf die Einstellung der deutschen Mehrheitsbevölkerung auszuwirken. Vor diesem Hintergrund gilt es zu prüfen wie diese Religions- und Lebensgemeinschaft in den Medien dargestellt wird. Dazu werden im Folgenden Abschnitt einige Untersuchungen herangezogen um die Techniken in der Islamberichterstattung zu erfassen.

Inzwischen wird der Islam auch von den Sozialwissenschaften wahrgenom-men. So beschäftigt sich eine Reihe von Untersuchungen mit dem Islambild in den Medien. Während die Mehrheit dieser empirischen Studien (u.a. Schif-fer, 2005 Tübinger Medienprojekt, 1994) qualitativ ausgerichtet ist, gibt es auch „kombinierte Untersuchungen aus quantitativen und qualitativen Be-trachtungen (u.a. Thofern, 1998; Hafez 2002; Richardson, 2004; Glück, 2007)" und essayistische Arbeiten (Schenk 2009, S. 36). Der Kommunikati-onswissenschaftler Kai Hafez empfindet die empirische Islamforschung „in einem hohen Maße defizitär" (Hafez 2002, S. 15), da deskriptive Arbeiten überwiegen, obwohl stets einige Erkenntnisse ausstehen (vgl. Hübsch 2009, S. 26). Vor diesem Hintergrund sollen im Folgenden vier empirische Studien zur Darstellung des Islam in den Medien vorgestellt werden: das Tübinger Medienprojekt (1994), die Arbeiten von Thofern (1997) und Schiffer (2004) über das Islambild in der Zeitschrift „Der Spiegel" sowie die Untersuchung von Hafez (2002) über das Nahost und Islambild der deutschen Presse.

Die Kritik des „Tübinger Islamkunde-Professors Heinz Halm" (Ott 1994, S. 221) an der Auslandsberichterstattung von Peter Scholl-Latour und Gerhard Konzelmann, die Halm des „Sensationsjournalismus" bezichtigte (Hafez 2002, S. 24, zitiert nach Halm 1991), setzte 1994 eine Untersuchung des Is-lambildes in Gang. Der Islamwissenschaftler machte den Journalisten zum Vorwurf, durch den Gebrauch von Fehlinformationen und suggestiv, emotio-nalen Mitteln ein Feindbild Islam zu innovieren (Ott 1994, S. 221). Durch „eine vergleichende Metapheranalyse" (Hübsch 2008, S. 26) untersuchte die Forschungsgruppe der Universität Tübingen das Islambild in den deutschen Medien und, „ob [...] [sich] ein Feindbildwechsel vom Kommunismus zum Is-lam" (Bernard 1994, S. 199) vollzieht.

Die Forschungsgruppe belegt in ihrer Untersuchung, dass in der Islambe-richterstattung von ähnlichen Metaphern wie „in der Zeit des Kalten Krieges für den Kommunismus" Gebrauch gemacht wird (Hübsch 2008, S. 26). In der Islamberichterstattung werden mehrheitlich „Feuer- und Sturm-Metaphern" zum Einsatz gebracht (Bernard 1994, S. 201). Zudem werden Monster-Meta-phern und Bilder aus dem Tierreich eingesetzt und insgesamt eine Darstel-lung in Form von Naturkatastrophen dargelegt (Bernard 1994, S. 202).

Folglich ist „auf der Ebene der Sprachbilder die Schablone für das ‚Feindbild Kommunismus ' auf den Islam übertragen" worden (ebd., S. 205). So wurde etwa deutlich, dass sich ein „Feindbildwechsel vom Kommunismus zum Islam" ereignet hat (ebd., S. 199). Im Übrigen wurden in der Islamberichterstattung „Strategien der persuasiven Kommunikation" identifiziert, die „offenbaren, wie wenige, gleich bleibende stereotype Merkmale in ein Fein-Freund-Schema eingepasst und durch die Medien immer wieder bestärkt wurden" (Hübsch 2008, S. 27).

Mit Blick auf die Untersuchungsergebnisse stellt die Forschungsgruppe fest, dass „der zweite Golfkrieg um Kuwait von 1990/91 beispielhaft zeigt", wie der Islam „politisch instrumentalisiert" wurde „und es gelungen sei, innerhalb kurzer Zeit" (Hübsch 2008, S. 27) das Islambild „als feindliche Religion" zu ermessen (Ott 1994, S. 222).

In einer Langzeitstudie untersuchte der Religionswissenschaftler Thofern das Islambild des einflussreichen Nachrichtenmagazins „Der Spiegel" von 1950 bis 1989 (vgl. Schenk 2009, S. 39). Zu diesem Zweck erfolgt eine quantitative „Inhaltsanalyse über die Islamberichterstattung". Thofern „nutzt neben formalen Kriterien und allgemeinen thematischen, sowie geographischen Zuordnungen auch die Typisierung von Muslimen und Motive für die Kritik am Islam" (Hübsch 2008, S. 27).

Der Religionswissenschaftler kommt wie Hafez zu dem Ergebnis, dass die mediale Repräsentation des Islam „seit der Iranischen Revolution 1978/79 um das Dreifache zugenommen hat" (Schenk 2009, S. 39) und er seitdem als „politischer Islam" wahrgenommen wird (Hübsch 2008, S. 27). Hinzukommend wird der islamische Glaube „als ‚extremistisch', ‚fanatisch' ‚fortschrittsfeindlich' und ‚rückständig'" degradiert (Hübsch 2008, S. 27). Zudem konnte Thofern herausarbeiten, dass „Der Spiegel" mehrheitlich negative Typisierungen nutzt und die vorgebliche Rückständigkeit des islamischen Glaubens sowie das Stereotype der Bedrohung durch den Islam pointiert (vgl. Hübsch 2008, S. 27). Im Wesentlichen erachtet Thofern die Islamberichterstattung des Spiegels als eindimensional und erläutert diesen Umstand „mit redaktionellen Zwängen und Negativereignissen" wie z.B. die Iranische Revolution oder die Rushdie- Affäre (ebd., S. 27). Angesicht dieser Ergebnisse vertritt der

Religionswissenschaftler die Ansicht, dass sich die Islamberichterstattung des Spiegels im Untersuchungszeitraum als mehrdeutig und selektiv erweist und auf „nicht weiter hinterfragten Annahmen, Vorurteilen und Vorbehalten" beruht (ebd., S. 27).

Der Kommunikationswissenschaftler Kai Hafez untersucht in seiner Habilitationsschrift von 2002 die „Darstellung des Nahen Ostens und des Islam" im Mediendiskurs des deutschen Pressewesens. Dazu wurde der „Mediendiskurs mittels einer qualitativen und quantitativen Medieninhaltsanalyse der überregionalen Zeitungen und Zeitschriften in Deutschland von 1955 bis 1995 rekonstruiert" (Hübsch 2008, S. 28). Ziel der Untersuchung war es daher, die „Strukturen, Entstehungsbedingungen und Wirkungspotenzen der Islam- und Auslandsberichterstattung" zu analysieren (ebd., S 29).

Im Hinblick auf diese Themenzentrierung konnte festgestellt werden, dass der Schwerpunkt der Islamberichterstattung mehrheitlich auf negativen, kriegerischen Ereignissen sowie extremistischen Attentaten liegt. Folglich prägten im Untersuchungszeitraum insbesondere Themen zu Konflikten wie z.B. der Nahost- Konflikt, die Zypernkrise wie auch der algerische Bürgerkrieg die deutsche Presse. Bemerkenswerterweise überwiegen in der Berichterstattung „Großereignisse, wie Kriege, Revolutionen und Krisen mit internationaler Dimension" (Hafez 2002, S. 44). In Anbetracht dieser Umstände erweist sich die Islamberichterstattung als ereignisorientiert.

Ferner lokalisiert Hafez diverse „soziopsychologische Konstruktionsprinzipien", die er als Ursache für das beschriebene mediale Islambild betrachtet (Hübsch 2008, S. 29). Von besonderer Bedeutung erscheinen in diesem Zusammenhang eine selektive Wahrnehmung und ein Pars-pro-Toto-Denken, da diese bereits durch die Darstellung von einem Bruchteil der Realität für „das Ganze" gehalten werden. In diesem Sinne wird beispielsweise fundamentalistisches Denken von muslimischen Gläubigen fälschlicherweise mit islamischem Denken gleichgesetzt (vgl. Hafez 2002, S. 230 f.). Hinzukommend zeichnet sich die Islamberichterstattung durch ein „starkes Worst-Case-Denken" aus, das sich bei der Rezeption primär auf Geschehnisse konzentriert, die im Hinblick auf das eigene Wertesystem vergleichsweise bedrohlich erscheinen (ebd., S. 231 f.). Langfristig etabliert sich im Denken eine assoziative Verknüpfung „über den Islam zum politischen Islam, zu Fundamentalismus und letztlich zu Gewalt und Terrorismus" (Brinkmann 2015, S. 65).

Fasst man die Ergebnisse der Langzeituntersuchung zusammen, so kommt man zu dem Schluss, dass die Islamberichterstattung weitgehend „nur Ausschnitte aus einem breit gefächerten islamischen Diskurs [zeigt] und daher als sehr verzerrend zu bewerten" ist (Hübsch 2008, S. 29). Die Untersuchungen von Richardson (2004), Karim (1997) und Poole (2002) zeichnen für den britischen Medienraum ähnliche Ergebnisse und bestätigen die mehrheitlich negative sowie verzerrende Darstellung des Islam in den Medien (vgl. ebd., S. 29).

Die Medienpädagogin Sabine Schiffer (2004) untersucht die Darstellung des Islams in der Presse. Der Schwerpunkt ihrer qualitativen Analyse liegt auf der Analyse der Präsentationstechniken in einer Spiegel- Spezialausgabe mit dem Titel „Rätsel Islam" aus dem Jahr 1998 (vgl. Schiffer 2004a, S. 80). In erster Linie befasst sich die Arbeit mit den Techniken, die bei der medialen Darstellung des Islam verwendet werden und erklärt anhand von Beispielen u.a. visuelle und textuelle Sinn-Induktionen.

Schiffer kommt zu dem Ergebnis, dass auch in den Printmedien Filmtechniken wie beispielsweise der Sinn-Induktionsschnitt nachweisbar sind. Diese Technik ermöglicht durch die Verknüpfung von Bildern und Texten einen Zusammenhang zu generieren, der in Wirklichkeit weder besteht noch begründbar ist. Zu diesem Zweck werden „Texte und Bilder aneinander montiert [...] und ein Suggestionspotential erreicht, das Stereotype erzeugen und verfestigen kann" (Hübsch 2008, S. 29). Zudem weist Schiffer darauf hin, dass „die Tendenz seit dem 11. September 2001 Muslime für verschiedenste Untaten explizit anzuklagen kein neues Phänomen darstellt, vielmehr habe es bereits vorher unterschwellig unterstellte Negativa gegeben, die nun dazu führen, dass islamkritische Behauptungen plausibel erscheinen" (ebd. , S. 29). Diese negativen Zuschreibungen an den Islam erzeugen bei den Medienrezipienten eine Erwartungshaltung gegenüber Muslimen, die mit dem Phänomen der self fulfilling prophecy bestätigt werden könne.

Die Sinn-Induktion in den Printmedien beschreibt Schiffer exemplarisch an einer am 16.10.2000 erschienenen Ausgabe der Zeitschrift „Spiegel" zum Thema Israel/Palästina. Auf der linken Seite des Bildes sind palästinensische Jugendliche abgebildet, die mit Molotowcocktails werfen. Das Bild zeigt zudem Flammen, die eine aggressive Stimmung erzeugen. Die Atmosphäre wirkt aggressiv, bedrohlich und ist geprägt von Angriffslust. Rechts daneben ist ein vergleichsweise kleineres Bild abgebildet, das einen israelischen Siedler mit einem kleinen Kind auf dem Arm zeigt, das in Richtung der „Angreifer" gehalten wird. Dadurch, dass diese Bilder bereits vor der Textlektüre wahrgenommen werden, geht der Titelseite bereits „eine Botschaft voraus – etwa ,aggressive Palästinenser greifen unschuldigen Israelis/Siedler an' " (Schiffer 2006, S.2). So findet in Unabhängigkeit von dem Textinhalt eine eindeutige Schuldzuweisung statt (vgl. ebd., S. 2). Zusammengefasst kommt Schiffer zu dem Ergebnis, dass der Gebrauch der Sinn-Induktion in den Medien sehr bestimmend sein kann. Vor diesem Hintergrund sind die damit einhergehenden Gefahren ernst zu nehmen.

Insgesamt zeigen die vorgestellten Studien übereinstimmend, dass sich in den Printmedien ein negatives Islambild etabliert hat. So wird der Islam vorwiegend in negativen und konfliktreichen Sachzusammenhängen thematisiert. Der Terrorismus und die damit einhergehenden Attentate in Europa stellen dabei überwiegt die Rahmenhandlung dar. Im Mittelpunkt steht der sogenannte „islamistische Terrorist", der durch den Stereotyp der Gewaltbereitschaft charakterisiert wird. Die Darstellung der muslimischen Frau wird dagegen auf die Opferrolle reduziert, indem sie aufgrund ihres Schleiers als Objekt der Unterdrückung beschrieben wird.

> „Es genügt bereits, eine verschleierte Muslima über den Bildschirm huschen zu lassen oder sie in einem Text zu erwähnen, um alle damit in Verbindung gebrachte Assoziationen auftauchen zu lassen" (Schiffer 2004, S. 85).

Die Beschränkungen des Islam auf negativ geladene Kontexte geht so weit, dass die theologischen und kulturellen Charakteristiken der Religion– die den Abbau von Vorurteilen begünstigen könnten – kaum dargestellt werden. Insofern kann das Islambild in den Printmedien vor allem als eindimensional und negativ bezeichnet werden. Im Nächsten Abschnitt soll nun das Islambild im Fernsehen untersucht werden.

4.2 TV

In den letzten Jahren sind zahlreiche Untersuchungen zur Mediennutzung durchgeführt worden. Der Medienkonsum bleibt die beliebteste Freizeitbeschäftigung der Deutschen. Das gilt vor allem für Fernsehen und Radio, die unverändert und mit großem Abstand die meist genutzten Medien in Deutschland sind. Der Fernseher ist für die Deutschen besonders unentbehrlich. 33 Prozent wollen nicht auf das TV- Gerät verzichten. So hat das Fernsehen die größte tägliche Reichweite der Medien. Diese Erkenntnisse gehen aus einer repräsentativen Studie (2016) durch TNS Emnid im Auftrag des Bundesverbands Digitale Wirtschaft (BVDW) e.V. hervor.

> „Als Massenmedium Nummer Eins vermittelt besonders das Fernsehen einen
> erheblichen Teil der Vorstellungen über die soziale Realität und diese Bilder
> beeinflussen wiederum in weiten Bereichen das Denken und Handeln der Re-
> zipientInnen" (Weiderer, 1994, S. 15).

Die Publizistikwissenschaftlerin Andrea Berg verweist in diesem Zusammenhang auf den Beitrag der Massenmedien zur Segregation von Minderheiten, indem beispielsweise negative Images und Stereotype geschaffen werden (vgl. Piga 2007, S. 209). Vor diesem Hintergrund soll im nächsten Schritt untersucht werden, ob und inwiefern Muslime im Fernsehen stereotyp dargestellt werden. Im Vergleich zur Presseberichterstattung gibt es kaum „filmanalytische Untersuchungen [...] zu Rundfunkbeiträgen mit Islambezug". Im Folgenden werden die empirischen Studien von Hafez & Richter (2007) und Schenk (2009) vorgestellt, die in diesem Zusammenhang eine Ausnahme darstellen.

Hafez und Richter haben im Rahmen einer quantitativ ausgerichteten Studie, in einem Zeitraum von 18 Monaten von Juli 2005 bis Dezember 2006 die „Thematisierungsanlässe des Islam" sowohl „in einschlägigen Magazinsendungen und Talkshows" als auch in „Dokumentationen und Reportagen von ARD (Das Erste) und ZDF" untersucht (Richter/Hafez 2007, S. 40).

Insgesamt wurde der Islam in 133 Sendungen und Einzelbeiträgen thematisiert. „81% aller Thematisierungen bei ARD und ZDF [können] negativ konnotierten Themen zugerechnet werden", während „lediglich 19% [...] ein neutrales oder positives Themenspektrum [repräsentieren]" (ebd., S. 40 f.). In diesem Sinne bleiben relevante positive Themen über den Islam in der Berichterstattung ausgespart.

Rund 23% der Islambeiträge in den deutschen Dokumentationen sowie Magazin- und Talksendungen haben das Themenfeld Terrorismus/Extremismus als Schwerpunkt (vgl. ebd., S. 41). Überdies stellen die Kommunikationswissenschaftler fest, dass auch die „restliche Islamagenda ganz überwiegend von konfliktorientierten Themen beherrscht wird". Zentral in der Inszenierung des Islam sind Themenfelder wie „internationale Konflikte (17 Prozent), Integrationsprobleme (16 Prozent), religiöse Intoleranz (10 Prozent), Fundamentalismus/Islamisierung (7 Prozent), Frauen/Unterdrückung/ Emanzipation (4 Prozent) und Menschenrechts-verletzungen/Demokratiedefizite (4 Prozent)" (ebd., S. 41). Diese Untersuchungsergebnisse erinnern an die Darstellung in den Printmedien, sodass der Islam auch im Fernsehen überwiegend in negativen Kontexten thematisiert wird.

Weniger als ein Fünftel der untersuchten Beiträge zeichnet sich durch positive Thematisierungsanlässe aus, die sich beispielsweise mit Fragen zur Kultur bzw. Religion beschäftigen. „Das Hauptproblem der Islamberichterstattung von ARD und ZDF [ist] nicht so sehr die Darstellung von Konflikten an sich [...], sondern die Ausblendung des Normalen, des Alltäglichen und des Positiven" (ebd., S. 45).

Die wichtigsten Ereignisse mit Islambezug waren im Juli 2005 die Anschläge in London, im Januar 2006 die Integrationsdebatte (Einbürgerungstest), im Februar 2006 der Karikaturenstreit, im August 2006 der Kofferbomber in Deutschland, im September 2006 die Islamkonferenz und schließlich im Dezember 2006 der Papstbesuch in der Türkei (vgl. ebd., S. 41).

Die Berichterstattung über den Islam wird überwiegend problematisch diskutiert und mit einer negativen Vorstellung von den Muslimen illustriert. In den öffentlichen Debatten um den Islam stehen überwiegend Ereignisse, die ein Gefühl der Bedrohung durch den Islam konstatieren, indem an das

Sicherheitsbedürfnis des Westens appelliert wird. Die Rubrik zur Sicherheit und Gewalt wird zum größten Teil mit Schlagzeilen wie „Gefährliche Islamisten", „Hassprediger in Deutschland", „Terroristen als Nachbarn" besiedelt/besetzt. Dies gilt vor allem für Magazinsendungen wie Frontal21, Kontraste, Monitor, Panorama, Report usw., da diese speziell auf einen Enthüllungsjournalismus hinarbeiten und bei der Berichterstattung eine dementsprechende Auslegung bestreben. Dem gegenübergestellt wird in den Talkshows (Sabine Christiansen, Menschen bei Maischberger, Johannes B., Kerner, Beckmann, Presseclub) die Thematik Islam nur dann behandelt, wenn es im Nachrichtenfluss aussagekräftig ist (ebd., S. 42).

Über Themen mit Islambezug haben ARD und ZDF im Untersuchungszeitraum mehrheitlich in den Auslandsmagazinen (Weltspiegel, Europamagazin, Auslandsjournal) berichtet. Erkennbar sind dabei zwei unterschiedliche Perspektiven zum Themenkomplex Islam. Zum einen wird „der Islam [...] als subtile Bedrohung in Form eines Lageberichts aus Kriegsgebieten aufbereitet („In der Höhle des Löwen – Treffen der Terror- Fürsten", „Afghanistan – Werbefeldzug der Taliban", „Terrorschmiede oder Elite- Uni? Die Islamschule im indischen Deoband") bzw. in Berichten über die Intoleranz von Muslimen gegenüber Nichtmuslimen („Ägypten – Moslems als Menschenfänger", „Zwischen den Stühlen – Die jüdische Minderheit im Iran" [...])" (ebd., S. 42). Zum anderen wird „der Islam [...] durch Reportagen über einzelne Menschen aufgegriffen und personalisiert („Wahlkampf mit Schleier – Eine Frau kandidiert für die Hamas", „Lust- Ehe auf Zeit – Prostitution im Iran")" (ebd., S. 42).

Zusätzlich hat die vergleichende Programmanalyse gezeigt, dass die ARD im Untersuchungszeitraum von 18 Monaten die meisten Beiträge zum Thema Islam präsentiert hat. Nichtsdestotrotz weisen beide Sender einen ähnlich großen Anteil an negativer Berichterstattung auf. Vor allem die „allgemeinen politischen Magazin- und Talksendungen" setzen sich vollständig aus negativen Themen zusammen. Zwar gilt die Fokussierung auf negative Ereignisse insbesondere für Magazinsendungen als üblich, aber Medienwissenschaftler kritisieren immer wieder, dass sich dieses Verständnis im Hinblick auf politische Ereignisse auf negative Verhältnisse beschränkt. Als besonders problematisch erweist sich dabei vor allem die Thematisierung des Islam im

Zusammenhang mit Politik. Unter diesen Umständen ist die „Verfestigung eines kulturalistischen Weltbildes" zu erwarten. Richter und Hafez warnen ausdrücklich vor den Folgen der Kulturalisierung politischer Themen und der Konzentration auf Negativaspekte in der Berichterstattung über Muslime. Durch die einseitige negative Berichterstattung und der fortlaufenden Thematisierung der „Politikverdrossenheit" besteht zudem die Gefahr eine „Islamverdrossenheit" bei den Rezipienten zu bewirken (ebd., S. 43).

Bei der Betrachtung der ZDF- Sendung Auslandsjournal ist eine bemerkenswerte Bemühung, den Islam auch in positiv bzw. neutral zu thematisieren, erkennbar. Im Untersuchungszeitraum bestrebt dieses offensichtlich eine Erweiterung der althergebrachten Konfliktagenda, indem Themen wie „weibliche Fußballfans in Iran; erster Muslim im amerikanischen Kongress oder Aufklärungsshows in Ägypten" etabliert werden (ebd., S. 43). Demgegenüber beschränken sich die Beiträge der ARD- Sendung Weltspiegel alleinig auf negative Debatten. Das Europamagazin reduzierte das Thema auf die steigende Islamisierung in der Türkei, sowie auf die Integrationsprobleme von Muslimen (ebd. S. 43).

In der Frauensendung ML Mona Lisa (ZDF) wird muslimischen Frauen nur ein sehr begrenztes Repertoire an Rollen zugewiesen. So werden sie nur dann öffentlich thematisiert, „wenn sie entweder Opfer männlicher Unterdrückung sind oder aber als radikale Islamistinnen auftreten" (ebd., S. 43). Keiner dieser Beiträge präsentierte die muslimische Frau unabhängig von ihrer Religion.

Die Kirchensendung Wort zum Sonntag bezieht uneingeschränkt in negativen und konfliktbehafteten Kontexten Stellung zum Thema Islam. Dies war insbesondere beim Karikaturenkonflikt der Fall. Bedingt durch die Fokussierung auf die negativen Thematisierungsanlässe wird der Islam kaum als Gegenstand eines interreligiösen Dialogs betrachtet (ebd., S. 43).

Im Untersuchungszeitraum stellen 16 Beiträge von Dokumentationen und Reportagen des ZDF einen Überblick zum Thema Islam dar. Sieben dieser Sendungen (44 Prozent) hatten kein negatives Thema als Aufhänger, sondern es handelte sich vielmehr unter anderem um Berichte über muslimische Beerdigungen, christlich- muslimische Hochzeiten oder moderne

Stadtportraits über Istanbul und Kairo. Diese Beiträge stellen eine unge-
wohnte Ausgewogenheit dar. Deshalb weisen Hafez und Richter diesen Sendungen einen Vorbildcharakter für andere Sendungen zu (ebd., S. 44).

Fasst man die Ergebnisse der Studie zusammen, so kommt man zu dem Ergebnis, dass die Islamberichterstattung im öffentlich-rechtlichen Fernsehen
dominant problemorientiert verläuft, da sich die Magazin- und Talksendungen „zu über 80% an einem Bild orientiert, in dem diese Religion als Gefahr
und Problem in Politik und Gesellschaft in Erscheinung tritt" (ebd., S. 44). In
ihrer Studie kommen Richter und Hafez (2007) zu dem Ergebnis, dass „das
Islambild [...] bei ARD und ZDF [...] ein zugespitztes Gewalt- und Konfliktbild
[ist], das den Eindruck vermittelt, dass der Islam weniger eine Religion als
vielmehr eine politische Ideologie [...] darstellt, die mit den Moralvorstellun-
gen des Westens kollidieren" (ebd., S. 44). Grundlegend ist daneben der Kon-
fliktgehalt eines Ereignisses. So kann gesagt werden, dass insbesondere
konfliktreiche Themen vorrangig behandelt werden.

Angesichts dieser Ergebnisse wird an die journalistische Arbeit die Forde-
rung gestellt sich zu „bemühen, diese komplexen Hintergründe zu verstehen,
statt einseitig ‚den Islam' mit seinen ohnehin mannigfachen und wider-
sprüchlichen Deutungen ins Zentrum der öffentlichen Aufmerksamkeit zu
rücken" (ebd., S. 45). Unter diesen Umständen können ARD/ZDF, die sich in
Anbetracht der Berichterstattung als Vorbildmedien definieren, in der Praxis
diesem Anspruch nicht gerecht werden. Stattdessen bewirken sie die „in weiten Teilen der deutschen Bevölkerung bereits vorhandene Vorurteilsbereit-
schaft gegenüber dem Islam und die demoskopische messbare ‚Islamangst'
in Deutschland weiter zu steigern" (ebd., S. 46). Die zusätzliche Bestärkung
der bestehenden Islamophobie in Deutschland im öffentlich- rechtlichen
Fernsehen, wird auch in Zukunft verhindern, dass Muslime weiterhin nicht
als integraler Teil der deutschen Gesellschaft behandelt werden (vgl. Ruhr-
mann, S. 194).

Durch die Untersuchung der Thematisierungsanlässe konstatieren die Autoren die Entstehung einer „Schieflage des Islambildes". Zudem haben die Autoren festgestellt, dass der Islam im Gegensatz zu anderen Religionen eine
sehr viel höhere Aufmerksamkeit genießt. Daher wird „vor einer

übertriebenen Islam-Fokussierung der Medienagenda gewarnt" (Hafez/Richter 2007, S. 44). Durch die Negativität und Einseitigkeit der Berichterstattung tritt „der Islam in einem thematischen Rahmen [auf], der ein hohes Potenzial besitzt, das Islambild des Fernsehzuschauers zu prägen" (ebd., S. 44).

Fazit: „Wir können also mit Fug und Recht schlussfolgern, dass im heutigen Mediendiskurs über den Islam zwar gelegentlich aufgeklärte Meinungen in Erscheinung treten, dass aber Menschen, oder genauer gesagt: Medienrezipienten in überwältigender Weise dazu bewogen werden, den Islam mit Negativthemen in Verbindung zu bringen. Anders ausgedrückt (Hafez 2009, S. 104): „Eine positive Wertigkeit lässt sich dem Thema wohl kaum abgewinnen"

Susan Schenk (2009) untersuchte, im Rahmen ihrer Magisterarbeit, das Islambild im (internationalen) Fernsehen, indem sie ihre Analyse auf die Islamberichterstattung eines europäischen (BBC World), eines amerikanischen (CNN International) und eines Nachrichtensenders aus dem Nahen Osten (AJ English) stützte (vgl. Schenk 2009, S. 13). Von besonderem Interesse ist das Islambild bei AJ English, da dieser der erste Nachrichtensender aus dem Nahen Osten ist und „laut seinem Selbstverständnis [...] die westliche Berichterstattung durch neue Perspektiven auf das Weltgeschehen ergänzen" möchte (Schenk 2009, S. 13). Inwiefern sich AJ English „in seiner Berichterstattung zum Islam und den muslimischen Ländern tatsächlich von BBC World und CNN International unterscheidet und wie sich diese Differenzierung gegebenenfalls gestaltet" ist von großer Bedeutung für die Untersuchung (ebd., S. 61).

Auf der Grundlage einer quantitativen Inhaltsanalyse arbeitet Schenk das Islambild in den internationalen Nachrichtensendern vom 16. August 2007 bis 16. November 2007 heraus. Zur Maximierung des Erkenntnisgewinns wurden auch explorative Betrachtungen herangezogen (vgl. ebd., S. 14).

Im dreimonatigen Untersuchungszeitraum thematisierten 190 von insgesamt 201 Beiträgen und damit 94,5 Prozent der Beiträge den Islam. Nur 11 von 201 Sendungen haben keinen Bezug zum Islam aufgewiesen. Insofern haben Beiträge zum Thema Islam einen relativen hohen Stellenwert für die

Berichterstattung der drei Nachrichtensender, weil der Islam nahezu täglich auf der Nachrichtenagenda steht (vgl. ebd., S. 93). Die Untersuchung der Nachrichtenbeiträge dokumentiert die Präsenz einer Sensibilisierung für Ereignisse in der islamischen Welt. Die internationalen Nachrichtensender sind für die Ereignisse aus islamisch geprägten Ländern auf gleicherweise sensibilisiert, da für AJ English kein höherer Stellenwert für die Themen aus dem Nahen Osten erkennbar ist (vgl. ebd., S. 94).

Im Übrigen wurde die Nachrichtenagenda zu Beginn der Sendung untersucht, „da angekündigte Nachrichtenbeiträge im Vergleich zu anderen Ereignissen des Tages eine größere Relevanz und Bedeutung erhalten" (ebd., S. 94). Während bei CNN International 71 Prozent und bei BBC World ungefähr 81 Prozent der Beiträge die Relevanz des Themas durch die Proklamation in der Nachrichtenagenda zur Geltung brachten, sind es bei AJ English rund 64 Prozent gewesen. BBC World und CNN International berichten im Sendervergleich signifikant häufiger im Nachrichtenüberblick über muslimische Länder und den Islam als über andere Ereignisse und bemessen ihm auf diese Weise einen höheren Stellenwert bei (vgl. ebd., S. 95).

Zudem wurden die Thematisierungsanlässe der Beiträge mit Bezug zum Islam, unter besonderer Berücksichtigung der Themenvielfalt, im Sendervergleich untersucht. Dabei kam Schenk zu ähnlichen Ergebnissen wie Hafez und Richter. Auch in den internationalen Nachrichtensendern werden Muslimische Länder und Akteure ebenso wie der Islam mehrheitlich dominierend in den Sachgebieten Politik (43,7 Prozent) und Krieg (37,6 Prozent) behandelt. In dieser Hinsicht beschränkt sich die Islamberichterstattung der internationalen Nachrichtensender zu 80 Prozent auf Kriege und Politik. Vor diesem Hintergrund werden kulturelle, wissenschaftliche und soziale Themenbereiche kaum angesprochen und ein differenzierter Blick auf die islamische Welt in keinster Weise gewährt (vgl. ebd., S. 99). Der Sendervergleich stellt eindeutig heraus, dass AJ English in gleicher Weise keinen differenzierten Blick in die islamische Welt gewährt, da dessen Berichterstattung in den untersuchten Beiträgen BBC World und CNN International sehr ähnlich ist (vgl. ebd. , S. 127).

Die prozentualen Anteile der Themenbereiche von CNN International, AJ English und BBC World sind in diesem Punkt ähnlich. Die Zentrierung von Krieg und Politik in der Islamberichterstattung wurde auch in der Studie von Hafez (2002) und „des Medien Tenors (2008)" nachgewiesen (ebd. , S. 99).

Im nächsten Schritt wurden ausschließlich die Beiträge mit einem „expliziten Bezug zum Islam als Religion" untersucht (ebd., S. 99). Auf der Grundlage von 311 Beiträgen konnte herausgearbeitet werden, dass die Beiträge zum Thema Islam in allen drei Sendern gleich verteilt sind und in fast jeden zweiten bis dritten Beitrag thematisiert werden (vgl. ebd., S. 99).

Der Islam wird in allen drei Sendern mehrheitlich „in Beiträgen über politische Probleme in muslimischen Ländern (30,2 Prozent, n=311), Kriege im Nahen Osten (28%) und aufgrund terroristischer Aktivitäten (21,9%) thematisiert" (ebd. , S. 100). In den Bereich problematischer politischer Umstände fallen im Untersuchungszeitraum die Kurdenproblematik in der Türkei und die Wahlen in Pakistan. „Anschläge, Geiselnahmen und Attentate auf westliche Personen oder Institutionen [...] wie die Attentate in New York 2001 und Bali 2002" waren wichtige Ereignisse, die dem Bereich Terrorismus zugeordnet werden konnten. Im Untersuchungszeitraum waren zudem Themen rund um „die bürgerkriegsähnlichen Zustände im Irak sowie die kämpferischen Auseinandersetzungen der Palästinenser und der Israelis im Gazastreifen" repräsentativ für den Bereich Kriege im Nahen Osten (ebd. S. 100). AJ English, BBC World und CNN International unterschieden sich kaum bei den Thematisierungsanlässen des Islam (vgl. ebd., S. 100)

Die Anlasssynchronität von AJ English, BBC World und CNN International wird durch eine „vordergründig ereignisorientiert[e]" Berichterstattung erklärt. Rund 63 Prozent der Beiträge sind ergebnisorientiert. Weitere 36,5 Prozent sind als „themenspezifisch identifiziert [worden], wobei davon jedoch weitere 63 Beiträge (55,8% der themenspezifischen Beiträge) aufgrund aktueller Ereignisse zustande gekommen sind" (Schenk 2009, S. 101). Erkennbar wird, dass die überwiegend negativen Ereignisse, die durch die Ereignisorientierung in Betracht gezogen werden die Rahmenhandlung zur Thematisierung von Muslimen darstellen. Insgesamt ist die

Berichterstattung (84 Prozent) überwiegend ergebnisorientiert. Berichtet wird daher überwiegend von Konflikten und Krisen (vgl. ebd. 2009, S. 101).

In der Medienagenda vom AJ English, BBC World und CNN International dominiert eindeutig der politische Islam (73,4%). Rund 6 Prozent der Islamberichterstattung behandelt die „ethisch-normative[n] Grundzüge". Lediglich 1,2 Prozent thematisieren kulturelle Gegebenheiten. „Religionsgeschichte wird nur in einem Fall zu einem Nachrichtenthema (0,1%). Intrareligiöse (9%) und interreligiöse Bezüge (9,9%) verweisen ebenso eher auf politisch-religiöse Auseinandersetzungen" (ebd., S. 102). Auch an diesen Werten wird deutlich, dass nicht der Islam als Religion, sondern der politische Islam mehrheitlich behandelt wird. Im intrareligiösen Kontext beschränkt sich mehr als die Hälfte aller Beiträge auf „den Konflikt der Schiiten und Sunniten im Irak und im Libanon" (Schenk 2009, S. 102). „Demnach sind Islam- Themen nicht senderspezifisch, sondern werden durch die aktuelle Ereignissituation bestimmt" (ebd., S. 102).

Im Wesentlichen ist „eine thematische Konzentration auf die Probleme und Unruhen islamischer Staaten mit politisch-religiösen Gruppierungen (31,5%, n=311)" erkennbar (ebd., S. 102). Wichtige Themen sind in diesem Kontext beispielsweise der Konflikt zwischen der Bevölkerung Pakistans und der Regierung.

Die Thematisierung „islamischer Extremisten" beträgt rund 14 Prozent, 22,5 Prozent berichten über die Attentate, und rund 12 Prozent beschreiben den Islam als eine Bedrohung für die westliche Welt „indem von Geiselnahmen [...] sowie über einen Aufruf islamischer Gruppen zum gemeinsamen Kampf gegen den Westen berichtet wird" (ebd., S. 103). Insofern ist „der islamische Terrorismus [...] medial präsent und wird in jedem zweiten Beitrag über politische Themen angesprochen" (ebd., S. 103).

Der Grundtenor der Beiträge wird durch die Untersuchung der Berichterstattung über muslimische Länder ermittelt. Die muslimischen Länder werden in allen drei Nachrichtensendern überwiegend in negativen Zusammenhängen gezeigt, die überwiegend über die politischen Krisen in der islamischen Welt berichten (vgl. ebd., S.103 f.).

Die Untersuchung der Akteursstruktur in der Islamberichterstattung zeigt, dass Muslime in rund 83 Prozent der Beiträge erscheinen, „während nicht-muslimische Akteure in 55,3 (n=311) aller Beiträge" präsent sind (ebd. , S. 109). Folglich stellen Muslime in allen drei Sendern die Protagonisten der Islamberichterstattung dar. Hinzukommend wurden die sogenannten „O-Töne der Akteure" untersucht. Zwar traten im Untersuchungszeitraum „muslimische Akteure am häufigsten [auf]", jedoch kamen sie „am seltensten zu Wort". Dagegen werden „nicht-muslimische Akteure [...] in mehr als doppelt so vielen Beiträgen zitiert" (ebd., S. 111). Während Nicht- Muslime in „jedem zweiten Beitrag Raum für Meinungsäußerung gegeben [wird]", können Muslime „in nur jedem vierten Beitrag zu Wort kommen" (ebd., S. 111).

> „Bei CNN International sieht die Verteilung nicht anders aus. Auch hier dominieren nicht- muslimische Standpunkte, Meinungen und Äußerungen. Mehr als jeder zweite Beitrag enthält mindestens eine nicht-muslimische Stimme, so dass Ereignisse, die einen Bezug zur Religion herstellen, mehrheitlich durch Nicht-Gläubige kommentiert werden" (ebd., S. 111).

Im Gegensatz dazu ist AJ English der einzige Sender, der überwiegend „Muslime mit O-Tönen sendet, auch wenn nicht- muslimische Akteure prozentual genauso häufig zu Wort kommen". So können sich Muslime in jedem zweiten Beitrag äußern. Der Sendervergleich zeigt, dass AJ English im Hinblick auf den Untersuchungsaspekt O-Töne „seinem Selbstverständnis gerecht" wird und im Gegensatz zu BBC World und CNN International häufiger Muslime zu Wort kommen lässt (ebd. , S. 111).

Nichtsdestotrotz dominiert in der Islamberichterstattung die Darstellung der islamisch Gläubigen als Täter, während. Nicht-Muslime vorwiegend als Opfer dargestellt werden (vgl. ebd., S. 112). Die Opfer-Täter-Differenzierung zeigt, dass Muslime vor allem in der Nachrichtenberichterstattung von CNN International und BBC World überwiegend in der Täterrolle dargestellt werden. Ein Vergleich zwischen AJ English und CNN International zeigt, dass der westliche Nachrichtensender in rund 83 Prozent der Beiträge Muslime als Täter darstellt, während nur 16,7 Prozent der Beiträge muslimische Gläubige in der Opferrolle zeigt. Der Nachrichtensender AJ English hebt sich in diesem Zusammenhang signifikant von den westlichen Nachrichtensendern ab.

Muslime erscheinen bei AJ English in mehr als der Hälfte der Beiträge und damit mit 56,7 Prozent als Opfer (vgl. ebd., S 112).

Die Analyse der Themen, in denen gläubige Muslime in einer Täterrolle erscheinen, zeigt eine deutliche Verfestigung in kriegerischen Kontexten (36 von 60 Beiträgen). In weiteren 56 Beiträgen erscheinen Muslime im Kontext des politisch-religiösen Islams. Auch muslimische Opfer treten im kriegerischen Kontext in Erscheinung und werden bei AJ English am häufigsten als Opfer des Krieges repräsentiert. Insgesamt erscheinen muslimische Gläubige bei AJ English signifikant häufiger in Beiträgen mit Islambezug als Opfer, während in den westlichen Nachrichtensendern eine Darstellung in der Täterrolle dominiert. In der Untersuchung von Hafez und Richter (2007) beschränkte sich diese Opferrolle alleinig auf die verschleierte muslimische Frau, die als Symbol der Unterdrückung beschrieben wird.

Im nächsten Analyseschritt wurde untersucht, ob Muslime in den Nachrichtenbeiträgen stereotyp dargestellt werden. Es zeigt sich, dass lediglich 33 Prozent der Beiträge auf die Vielfalt des Islams verweisen. In einem Großteil der Beiträge wird demnach weder die Heterogenität noch die Homogenität des Islams ausdrücklich betont. „Der Islam wird thematisiert, ohne dass auf spezifische Eigenarten bzw. Generalisierungen eingegangen wird" (ebd., S. 114). Eine Betonung der Heterogenität des Islam ist unbedingt nötig und von großer Bedeutung. In Anbetracht der vorherrschenden Einstellungen zum Islam sollten diese Aspekte in den Medien explizit behandelt werden.

Bei umfangreichen Beiträgen mit Islamthemen verweisen alle drei Sender häufig „auf die Unterschiedlichkeit und Differenziertheit des islamischen Glaubens" (ebd., S. 114). Generalisierungen und Homogenisierungen des Islams erscheinen eher spärlich. Es wurde weiterhin festgestellt, dass BBC World und CNN International „die islamische Lebenskultur einzelner Menschen nicht für alle Religionsanhänger des Islam" generalisieren (ebd., S. 114).

Bei der Betrachtung wurde zudem festgestellt, dass AJ English auf eine vielseitigere, heterogenere Darstellung des Islams hinarbeitet. Jedoch zeigt der Sendervergleich alleinig zwischen BBC World und AJ English einen signifikanten Unterschied (vgl. ebd., S. 115).

„Es wird folglich vorwiegend in politisch religiösen Bereich insbesondere in Beiträgen über Unruhen zwischen religiösen Gruppen und dem muslimischen Staat auf die Heterogenität des Islam verwiesen. Die internationalen Nachrichtensender betonen demnach den Gruppencharakter solch militantreligiöser Bewegungen ohne generalisierende Aussagen zu treffen, was auf eine objektive Berichterstattung hindeuten könnte" (vgl. ebd., S. 115).

Im Vergleich mit der empirischen Studie von Sheikh (1995) und Christensen (2006) findet das Untersuchungsergebnis keine große Übereinstimmung, „da beide eine Konzentration von verallgemeinernden Aussagen zum Islam in der Berichterstattung konstatierten" (ebd., S. 114). So wurde etwa deutlich, dass BBC World, CNN International und AJ English einen anderen Weg eingeschlagen haben (vgl. ebd., S.114).

Einen weiteren wichtigen Aspekt, für die Untersuchung der Stereotype stellt die Verknüpfung von Islam und Terrorismus dar. Zur Ermittlung dieser Verknüpfung wurden insgesamt 707 Beiträge untersucht und dabei festgestellt, dass in rund 16 Prozent der Beiträge eine explizite Verknüpfung hergestellt wurde. Nur 110 von 707 Beiträgen und damit ungefähr jeder sechste Beitrag thematisierte die untersuchte Variable.

Im Sendervergleich wird kein eindeutiger Zusammenhang zwischen dem Sender und der Verknüpfung von Islam und Terrorismus erkennbar, sodass der Islam in keinem der Sender signifikant häufiger in Zusammenhang mit Terrorismus gebracht wird (vgl. ebd., S. 115). Bei AJ English lässt sich eine Benennung in 11,3 Prozent, bei BBC World in 12,8 Prozent und bei CNN International in 11 Prozent der Beiträge beobachten. Das Vorkommen ist insgesamt relativ gering (vgl. ebd., S. 115).

Zudem wurden „die konkreten Stereotype der Gewaltbereitschaft, der Bedrohung des westliches Kulturkreises, der Rückständigkeit sowie der Unterdrückung der Frau untersucht" (ebd., S. 116). Dazu wurde zunächst eines 707 Beiträgen die Grundlage für die Untersuchung gelegt. 372 der Beiträge enthielten zumindest einen der bereits genannten Stereotype. Ergo ist in jedem zweiten Beitrag eine Stereotypisierung ersichtlich (vgl. ebd., S. 116).

Stereotype fanden sich „bei AJ English in 52% der Fälle (n=265), bei BBC World in 49% (n=242) und bei CNN International in 58% der Beiträge (n=200)" statt (Schenk 2009, S. 116). Insoweit konnte im Untersuchungszeitraum kein signifikanter Zusammenhang zwischen Sender und stereotyper Darstellung nachgewiesen werden (vgl. ebd., S. 116).

Bemerkenswerterweise kommt das Stereotype Gewaltbereitschaft bei BBC World, CNN International und AJ English mit rund 54 Prozent am häufigsten vor. Das Stereotyp „Bedrohung des westlichen Kulturkreises" wurde zu 21,9 Prozent und die „Rückständigkeit muslimischer Länder" zu 19,9 Prozent thematisiert (ebd., S. 117). Im Gegensatz dazu wurde die „Unterdrückung der Frau im Islam" nahezu gar nicht behandelt (vgl. ebd., S. 117).

Diese Ergebnisse bestätigen die Befunde von Thofern (1998) und Schiffer (2005), die qualitativ ausgerichtet sind.

> „Die Dominanz des militanten, gewaltbereiten Muslims in der Medienberichterstattung kann demnach auch durch die vorliegende Untersuchung bestätigt werden. Mit Blick auf die Gesamtberichterstattung (n=707) konnte in jedem zweiten bis dritten Beitrag ein Verweis auf die Gewaltbereitschaft der Muslime identifiziert werden" (Schenk 2009, S.117).

Darüber hinaus zeigt die Analyse, dass mit rund 80 Prozent überwiegend im politischen Kontext Stereotype identifizierbar sind (vgl. ebd., S. 117). Stereotypisierungen von Themen mit Islambezug verlaufen überwiegend im Kontext des politischen Islams (vgl. ebd., S. 118).

Der Vergleich „der Stereotype pro Sender" zeigt, dass „sowohl das Stereotyp der Gewaltbereitschaft als auch das der Unterdrückung der Frau" in allen drei Sendern in ähnlichem Maße gegenwärtig ist (vgl. ebd., S. 118). Im Untersuchungszeitraum benutzt CNN International am häufigsten das Stereotype der „Bedrohung des westlichen Kulturkreises", während bei AJ English alleinig 12,5 Prozent der Beiträge diese Zuschreibung nutzen (ebd., S. 118).

Jedoch zeigt der Signifikanztest, dass die Analyseergebnisse nicht generalisierbar sind und alleinig für den Untersuchungszeitraum gültig sind.

> „BBC World und CNN International charakterisieren den Islam und die Muslime nicht signifikant häufiger als gewalttätig, bedrohend und frauenfeindlich. Auch die Rückständigkeit muslimischer Länder wird in der Berichterstattung

der westlichen Sender nicht signifikant häufiger thematisiert" (Schenk 2009, S. 119).

Entgegen der Annahme, dass „Stereotype frequenter visualisiert werden und weniger durch z.b. Nachrichtensprecher oder Korrespondenten explizit ge-äußert werden", zeigte sich in der Untersuchung, dass Stereotype in rund 54 Prozent der Beiträge in direkten verbalen Äußerungen und 305 (45,7%) und in visuellen Informationen enthalten waren (vg. Schenk 2009, S. 119).

Zusammengefasst, zeigt sich, eine „tendenzielle Homogenität der Berichter-stattung der drei internationalen Nachrichtensender". Auch im Hinblick auf die Nutzung von Stereotypen kann AJ English keine Sonderfunktion zuge-sprochen werden, da sich der gemessene Anteil an negativen Stereotypen von BBC World und CNN International nicht signifikant unterscheidet (vgl. ebd., S. 120).

Schließlich wurde auch die visuelle Perspektive der Berichterstattung Bild-berichterstattung im Sendervergleich untersucht. Die Ergebnisse zeigen, dass AJ English, CNN International und BBC World in der Islamberichterstat-tung mehrheitlich „Motive des Krieges und der Zerstörung" einblenden. So spielen rund 48 Prozent und damit fast jeder zweite Beitrag an kriegerischen Schauplätzen der muslimischen Welt. Auf diese Weise wird den Medienrezi-pienten durch die Berichterstattung die Gewalt und der Krieg in der islami-schen Welt vorgelegt. Das visuelle Motiv „des bewaffneten Muslims" ist insgesamt sehr bestimmend. Nahezu 37 Prozent der Beiträge „in der Katego-rie Krieg/Zerstörung/Bewaffnung/Feuer zeigen einen islamischen Gläubi-gen mit seiner Waffe" (ebd., S. 121). Auf diese Weise wird das Stereotyp der Gewaltbereitschaft auch in der visuellen Ebene bestärkt. Diese Auffassung wird durch die „Motive des Protests, der Demonstration und des Straßen-kampfes" zusätzlich gestützt (vgl. ebd., S. 121).

Das Stereotyp der „Rückständigkeit" ist in rund 20 Prozent der Beiträge er-sichtlich, da jeder vierte bis fünfte Beitrag Bilder von Armut, Not und der Hilfslosigkeit muslimischer Länder darlegt (vgl. ebd. , S. 121).

Der Sendervergleich verdeutlicht, dass die benannten visuellen Motive bei AJ English am häufigsten benutzt werden. Nichtsdestotrotz zeigt der

Signifikanztest keine eindeutigen Unterschiede im Vergleich der Sender (vgl. ebd., S. 121).

Die Moschee, der Halbmond und der Stern gelten als Symbole des Islams. Im Untersuchungszeitraum wurden diese Symbole jedoch kaum genutzt. Stattdessen wird das Bildmotiv der verschleierten Muslima dominierend in jedem dritten bis vierten Beitrag gezeigt. Bemerkenswerterweise wird dieses Bildmotiv auch ohne einen eindeutigen Zusammenhang im „Sachgebiet des Krieges oder der Politik" gezeigt (ebd., S. 121). Schenk kommt vor diesem Hintergrund zu einem ähnlichen Ergebnis - wie Schiffer (2005) und deklariert daher das Motiv des Schleiers als generelles Symbol für den Islam im Untersuchungszeitraum (vgl. ebd., S. 122).

Die Untersuchung hat gezeigt, dass sich das Islambild von AJ English kaum von dem Islambild von CNN International und BBC World unterscheidet. Die Nachrichtenagenda der internationalen Nachrichtensender ist von Krieg und Politik geprägt. Vor diesem Hintergrund tritt der Islam nicht als Religion, sondern vorwiegend als politischer Islam auf, da die Nachrichtenbeiträge laufend über die Taten der islamistischen Terroristen in muslimischen Ländern handeln. Durch diese Beschränkung erscheinen islamisch geprägte Länder in den Medien vorwiegend konfliktreich. Zudem zeigte die Untersuchung, dass sich die meisten Berichte auf den Nahen Osten beschränken, während die in den asiatischen Ländern lebende Mehrzahl der Muslime in den Medien kaum thematisiert wird. Insgesamt ist das Islambild in den untersuchten Nachrichtensendern negativ. Die Beiträge von AJ English, CNN International und BBC World inkorporieren in gleicherweise stereotype Darstellungen von Muslimen, die in jedem zweiten Beitrag zu finden sind. Insofern zeigt sich, dass sich die Berichterstattung in allen drei Sendern im Hinblick auf den Islam ziemlich ähnlich ist.

Schenk begründet diese Ähnlichkeiten durch die Verwendungen der Mechanismen „des internationalen Nachrichtenjournalismus" (ebd., S. 132). So werden die Journalisten bei der Auswahl der Ereignisse für die Berichterstattung von einer starken Ereignisorientierung geprägt. Aufgrund dieser Ereignisselektion die sich auf Politik, Krisen und Konflikte reduziert sind die

Thematisierungsanlässe des Islam und das damit einhergehende Islambild in den Medien nahezu identisch und damit vor allem negativ.

Darüber hinaus haben die Ergebnisse verdeutlicht, dass der Islam in den Nachrichtensendern nur marginal mit der Begriff Terminus in Zusammenhang gebracht wird.

> „Die Nachrichtenberichterstattung des jungen Senders AJ English ist mit der Berichterstattung von BBC World und CNN International durchaus vergleichbar und kann als Äquivalent zur westlichen Berichterstattung genutzt werden. Der Sender berichtet inhaltlich und formal wie seine westlichen Konkurrenten. Das Islambild differenziert sich kaum" (ebd., S. 127).

Der Sachverständigenrat deutscher Stiftungen für Integration und Migration (SVR) hat in Zusammenarbeit mit der Stiftung Mercator im März 2013 eine Studie zur medialen Repräsentation von Muslimen herausgegeben. Es wurde untersucht, „ob Zuwanderer und Mehrheitsbevölkerung die mediale Darstellung von Muslimen unterschiedlich bewerten und ob die negative Darstellung Rückwirkungen auf das Zusammenleben im Alltag insbesondere von Muslimen und Mehrheitsbevölkerung hat" (Migazin 2013). (Quelle: http://www.migazin.de/2013/03/13/studie-medien-verstarken-islamisierung-der-integrationsdebatte/) Damit liegt erstmals eine Umfrage zur Mediendarstellung von Muslimen vor, bei der auch Muslime selbst nach ihrer Wahrnehmung gefragt wurden. Die Datengrundlage bildet die Auswertung des SVR- Integrationsbarometers (2012) mit 9200 Teilnehmern mit und ohne Migrationshintergrund.

Basierend auf dieser Studie soll die Wahrnehmung der Islamberichterstattung durch muslimische Gläubige untersucht werden. So liegt im Folgenden ein besonderes Augenmerk darauf wie das negative Islambild in den Medien von den Angehörigen der Mehrheits- und der Zuwanderungsbevölkerung eingeschätzt wird.

Aus den Ergebnissen des SVR- Integrationsbarometers 2012 geht hervor, dass die Mehrheitsbevölkerung und die Zuwanderer übereinstimmend vor allem „die Gruppen der Muslime, der Araber und der Türken in den Medien zu negativ dargestellt" finden (Sachverständigenrat 2012., S.11) betrachten. So wird die mediale Darstellung von Muslimen von 70,8 Prozent der

Befragten ohne Migrationshintergrund und 73,9 Prozent mit Migrationshintergrund als „eher" oder „viel zu negativ" bezeichnet. Die befragten Muslime waren sogar mit 82, 1 Prozent dieser Ansicht. Insbesondere die Befragten mit einem türkischen Migrationshintergrund betrachten die Berichterstattung über Muslime und Araber mit über 83 Prozent als zu negativ. Im Übrigen kommen die Befragten mit afrikanischem Migrationshintergrund mit 81,3 Prozent zu einem annähernd gleichen Schluss (vgl. ebd. S. 16).

Die Resultate dieser Betrachtung zeigen, dass „die befragten Herkunftsgruppen" nicht dazu neigen „ihre ‚eigene' Gruppe als von den Medien zu schlecht dargestellt wahrzunehmen" (ebd., S. 15). Dagegen geben mehr als die Hälfte der Befragten an, dass das Medienbild der „Osteuropäer" ausgewogen oder sogar zu positiv sei (vgl. ebd., S. 16). Insofern findet sich bei den Befragten des SVR- Integrationsbarometers eine große Übereinstimmung über die Unangemessenheit und Negativität in der Berichterstattung über verschiedene Zuwanderungsgruppen, die nach ihren Angaben, insgesamt ein besseres Image verdient hätten. Während in der Vergangenheit Türkischstämmige in den Medien dominierend negativ dargestellt wurden, sind heute „Muslime" und „Araber" die aktuellen Objekte, die in der Berichterstattung die Rolle der „Türken" übernommen haben (vgl. ebd., S. 15).

Betrachtet man den Einfluss der Religionszugehörigkeit auf die Ergebnisse, so zeigt sich, dass sich Muslime durch „eine deutlich negativere Einschätzung des medialen Bilds insbesondere von ‚Arabern' und ‚Muslimen' " auszeichnen (ebd., S. 17). Zudem zeigt sich, dass Muslime vergleichsweise häufiger eine zu negative mediale Repräsentation von Muslimen wahrnehmen, als nichtmuslimische Befragte türkischer Herkunft (vgl. ebd., S. 17). So wird die Negativberichterstattung von „muslimischen Befragten türkischer Herkunft [...] um ein bis fünf Prozentpunkte höher" bewertet (ebd., S.17). Außerdem ist bei den muslimischen und türkischen Befragten „eine zugespitzte Wahrnehmung im Verhältnis von ‚eher zu negativer' und ‚viel zu negativer'" Mediendarstellung erkenntlich (ebd., S. 17). Rund 28 Prozent der nichtmuslimischen „Türken" empfinden das Medienbild von Muslimen als „viel zu negativ", während türkeistämmige mit Glaubensbekenntnis zu 43,6 Prozent zu einem solchen Urteil gelangen (vgl. ebd., S.17).

Der Sachverständigenrat deutscher Stiftungen für Integration und Migration (SVR) kommt in Anbetracht der Ergebnisse zu dem Schluss, dass „eine Diskrepanz zwischen dem Alltagserleben und der medialen Darstellung" des Islam herrscht (S. 17). Kennzeichnend ist dafür die einhellige Meinung, dass „Herkunftsgruppen, die mit dem Islam in Verbindung gebracht werden (wie ‚Türken', ‚Araber', oder ‚Muslime')" (ebd., S. 17) in der Medienberichterstattung mehrheitlich negativ dargestellt werden.

Die eindimensionale und mehrheitlich negative mediale Repräsentation des Islam birgt in sich die Gefahr „in den Köpfen der Mehrheitsbevölkerung [...] Pauschalvorstellungen über die Muslime" zu verfestigen (ebd., S. 23). Personen die keinen direkten Kontakt zu muslimisch Gläubigen haben stehen stärker unter dem Einfluss der Mediendarstellung, da die Islamberichtberichterstattung als „indirekte Erfahrungen genutzt" wird. Daher neigt ein Großteil der Mehrheitsbevölkerung ohne Kontakt zu Muslimen tendenziell höher „zur Konstruktion einer vermeintlichen Realität, so genannten kognitiven Stereotypen" (ebd. S.23). Während befragte muslimischen Glauben das Zusammenleben mit der deutschen Gesellschaft mit rund 58 Prozent als unbeeinträchtigt empfinden (vgl. ebd. S. 18), beurteilen Befragte ohne Migrationshintergrund dieses eindeutig negativer (vgl. ebd., S. 19). Eine unausgewogene Berichterstattung über Muslime führt in erster Linie zu einem negativen Islambild. Vor allem in einer Einwanderungsgesellschaft haben Muslime einen Anspruch darauf in den Medien ausgewogener dargestellt zu werden, dem auch im „im Sinne einer ‚Kundenorientierung' besser entsprochen" werden müsste (ebd., S. 5).

Zu ähnlichen Ergebnissen kommt auch Markus Gamper in seiner Studie „Subjektive Wahrnehmung des Islambildes in den Medien", wobei er sich auf die Befragung von muslimischen Frauen beschränkt. Rund 83 Prozent der Befragten sind der Auffassung, dass über andere Religionen signifikant positiver berichtet wird als über den Islam. Hinzukommend empfinden rund 89 Prozent der Befragten, dass der Islam in weiten Teilen der öffentlichen Wahrnehmung des Westens zum Feindbild geworden ist (vgl. Gamper 2011, S. 197).

5 Fazit

Die vorliegende Arbeit hatte die Untersuchung des Islambildes in den Medien unter der besonderen Berücksichtigung der Stereotypisierung von Muslimen zum Ziel. Im ersten Teil der Arbeit wurden zunächst die Begriffe Stigmatisierung, Stereotypisierung und Vorurteile erläutert. Dazu wurden u.a. die Theorien von Goffman (1971), Lippmann (1964) und Allport (1971) verwendet. Im nächsten Schritt wurden die Funktionen und Techniken der Medien erarbeitet. Dieses Wissen ermöglichte es, die Stereotypisierung von Muslimen zu beschreiben. Da der Schwerpunkt auf der Erarbeitung des Islambildes in den Medien liegt wurden im nächsten Kapitel einige Studien zum Islambild in den Massenmedien herangezogen. Zur Analyse des Medienbildes in Deutschland wurden die Studien von Sabine Schiffer (2004), Detlef Thofern (1997) sowie das Tübinger Medienprojekt (1994) verwendet. Vertretend für das Islambild im Fernsehen wurden die Untersuchungen von Carola Richter und Kai Hafez (2007), sowie die Studie von Susan Schenk zum Islambild in den internationalen Nachrichtensendern genutzt, um ansatzweise auch Aussagen über die Darstellung im Ausland treffen zu können.

Durch die Untersuchung konnte festgestellt werden, dass die Erzeugung von Stereotypen in den Medien begünstigt wird. In Anlehnung an den Stereotypenbegriff von Lippmann zeigt sich, dass in den Medien ein starrer Eindruck vom Islam vermittelt wird. Die Muslime und die islamische Welt werden medial überwiegend mit Themen der Gewalt in Verbindung gebracht. Aus dieser Ausrichtung resultiert für Muslime und die islamische Welt das Stereotype der Gewaltbereitschaft. Nach dem Psychologen Gordon W. Allport ist die Entstehung von Stereotypen eng mit vorherigen Erfahrungen verknüpft, die durch „Selektion und Verschärfung" (Allport 1971, S. 199) generalisiert werden. Im übertragenen Sinne liegt die Ursache der stereotypen Darstellung von Muslimen in historischen Ereignissen wie z.B. die iranische Revolution 1978/1979 sowie die Anschläge vom 11. September 2001 in New York und Washington. Diese und viele andere Großereignisse wie Kriege und Krisen wurden in der Auslandsberichterstattung von Journalisten wie Peter Scholl-Latour und Gerhard Konzelmann mehrheitlich selektiv und eindimensional dargestellt. Da im Hinblick auf die Islamberichterstattung lange

Großereignisse wie z.b. Kriege überwogen haben sich diese Ereignisse als „Bilder in unseren Köpfen" (Lippmann 1922) festgesetzt. Auf diese Weise sind die stereotypen Vorstellungen über Muslime und die islamische Welt entstanden.

Vor diesem Hintergrund hat sich das Stereotype der Gewaltbereitschaft durch die Dominanz der Beiträge zu Kriegen und Konflikten wie z.b. die Selbstmordattentate in islamischen Ländern wie dem Nahen Osten entwickelt. In diesem Zusammenhang haben Hafez & Richter (2007) in ihrer Untersuchung festgestellt, dass der Schwerpunkt in deutschen Dokumentationen, sowie Magazin- und Talksendungen von ARD und ZDF mit rund 23 Prozent auf dem Themenfeld Terrorismus/Extremismus liegt. Die restliche Islamagenda wird überwiegend von konfliktorientierten Themen beherrscht. So macht das Themenfeld internationale Politik 17 Prozent der Islamagenda aus (vgl. Richter/Hafez 2007, S. 41). In den internationalen Nachrichtensendern werden muslimische Länder und der Islam ebenfalls dominierend im Themenfeld Krieg (37,6%) und Politik (43,7%) thematisiert. Insofern beschränkt sich die Islamberichterstattung der internationalen Nachrichtensender zu 80 Prozent auf Kriege und Politik. Unter diesen Bedingungen wird das Stereotype der Gewaltbereitschaft weiterhin begünstigt und kann schwerwiegende Folgen haben. Folglich kann die Stereotypisierung bewirken, dass die Gesamtheit der Muslime als gewalttätig gehalten wird (vgl. Wahl 2011, S. 8).

Zudem konnte Schenk zeigen, dass der Islam in den Beiträgen der internationalen Nachrichtensender nur in vereinzelten Fällen mit dem Begriff „Terrorismus" in Zusammenhang gebracht wurde (vgl. Schenk 2009, S. 132). Laut Allport (1971) sind Stereotype ziemlich „starr" und nicht leicht zu beseitigen. In Anbetracht dieser Charakteristik lässt sich vermuten, dass das Stereotype Islam=Terrorist aufgrund dieser „Starrheit" auch weiterhin in den Köpfen der Medienrezipienten erhalten bleiben wird.

Neben des Stereotypen der Gewaltbereitschaft wurde in den Studien (Hafez 2006, Schiffer 2005) am häufigsten das Stereotype der unterdrückten muslimischen Frau identifiziert. Nach Schiffer beschreibt dieses Stereotype die muslimische Frau in den Medien überwiegend als „Opfer ihrer kulturellen

Herkunft" (Schiffer 2005, S. 83) und stellt zugleich den Kontrast zur westlichen emanzipierten Frau dar. Dieses Stereotype wird sowohl in den Printmedien als auch im Fernsehen häufig genutzt. In der Frauensendung ML Mona Lisa (ZDF) wird muslimischen nur ein sehr begrenztes Repertoire an Rollen zugewiesen. Sie wird nur dann öffentlich thematisiert, „wenn sie entweder Opfer männlicher Unterdrückung sind oder aber als radikale Islamistin auftreten" (Hafez/Richter 2007, S. 43).

> „Es genügt bereits, eine verschleierte Muslima über den Bildschirm huschen zu lassen oder sie in einem Text zu erwähnen, um alle damit in Verbindung gebrachten Assoziationen auftauchen zu lassen" (Schiffer 2004, S. 85).

Die vorgestellten Studien zur Islamberichterstattung gelangen übereinstimmend zu dem Resultat, dass in den Medien ein negatives Islambild übertragen wird, das die Entstehung von Stereotypen begünstigt. Im Laufe dieser Arbeit wurde festgestellt, dass das Stereotype der Gewaltbereitschaft sowie die das Stereotype der unterdrückten muslimischen Frau am häufigsten genutzt wird. Auf diese Weise werden einfach mal eben 1,57 Milliarden Menschen homogenisiert und die unterschiedlichen Strömungen der Religion vollkommen ausgeblendet. Es ist fraglich, ob sich die Medienmacher dieser Verantwortung bewusst sind.

Der Bundesinnenminister Dr. Wolfgang Schäuble forderte bereits 2008 „eine verantwortlichere Berichterstattung in den Medien" und erinnerte die Medienproduzenten an ihre Verantwortung im Hinblick auf das mediale Islambild (Altmaier 2009). Im Zuge dessen haben einige Projekte wie das bundesweite Clearingprojekt: „Zusammenleben mit Muslimen" (Interkultureller Rat) ins Leben gerufen. Der Einfluss dieser Projekte kann im Rahmen dieser Arbeit nicht beurteilt werden, da diese nicht in den Untersuchungszeitraum der verwendeten Studien fallen. Dennoch sind solche Kampagnen gerade in Anbetracht der Untersuchungsergebnisse zu begrüßen.

Überdies konnte anhand der Studien festgestellt werden, dass der Islam zu einem festen Bestandteil der Medienagenda geworden ist und im Vergleich zu anderen Religionen viel mehr Aufmerksamkeit genießt. Der Kommunikationswissenschaftler Kai Hafez warnt an dieser Stelle „von einer übertriebenen Islamfokussierung" (Hafez 2007, S. 45).

Die in dieser Arbeit vorgestellten Studien von Hafez, Schiffer, Richter und Schenk verdeutlichen, „dass europäische bzw. deutsche Medien ein sehr einseitiges Bild des Islams als aggressive und feindselige Religion vermitteln" (Gamper 2011, S. 196). Nach Hafez stellt die Negativität in der Islamberichterstattung keine Ausnahmefälle dar, „da sich der Negativismus in der Berichterstattung durch einen großen Teil der Presselandschaft zu ziehen scheint" (Hafez 1996, S. 432). Daher sollte insbesondere ein an Aufklärung orientierter Journalismus sich bemühen die komplexen Hintergründe der Religion zu verstehen, um durch die Thematisierung der positiven Facetten eine ausgewogenere Berichterstattung zu gewähren (vgl. Hafez 1996, S. 432).

Meines Erachtens steht unter diesen Umständen eine ausgewogene Berichterstattung über Muslime und den Islam unter Gefahr. Im November 2016 hat der Mediendienst Integration das „Journalisten- Handbuch zum Thema Islam" vorgestellt. Dieses Handbuch umfasst Fakten und Grundlagenwissen über den Islam und den in Deutschland lebenden Muslimen und soll eine ausgewogenere Berichterstattung fördern (vgl. Mediendienst Integration 2016) Angesichts der Pluralität und der Vielfalt des Islam stehen die Journalisten bei der Islamberichterstattung ohne jeden Zweifel einer Herausforderung entgegen. Vor diesem Hintergrund erscheinen solche Kampagnen sehr sinnvoll. Jedoch konnte in den Studien festgestellt werden, dass die Berichterstattung primär ereignisorientiert ist (Schenk 2009, Hafez & Richter 2007). Vor diesem Hintergrund können Handbücher alleinig die inhaltliche Gestaltung der Beiträge beeinflussen. Wenn aber auch weiterhin der Schwerpunkt der Islamberichterstattung auf konfliktreichen und kriegerischen Themenfeldern liegt, können meiner Meinung nach solche Kampagnen wenig an der Realität verändern. Zumal auf diese Weise die vorhandenen Stereotypen wie z.B. die Gewaltbereitschaft durch die fortlaufende Thematisierung der Konflikte aufrechterhalten werden. Die Thematisierung negativer Ereignisse wäre weniger problematisch, wenn zur Ausgewogenheit der Berichterstattung die Zahl der positiven Beiträge über Muslime und die islamische Welt zunehmen würde (vgl. Hafez 2007, S. 35).

„Nicht die Darstellung des Negativen ist das Problem, sondern die Ausblendung des Normalen, des Alltäglichen und des Positiven" (Hafez 2007, S. 35).

Nach Hafez (2007) ist der Zeitpunkt gekommen, die Dokumentationen und Reportagen im öffentlich-rechtlichen Fernsehen zu revidieren, um auch den Ansprüchen der muslimischen Medienkonsumenten zu entsprechen. Vor allem durch einen dynamischen Journalismus und Mechanismen der Qualitätssicherung soll die Medienlandschaft dem Islam geöffnet werden, sodass auch Bereiche des muslimischen Lebens in den Beiträgen behandelt werden (Hafez 2007, S. 37).

In diesem Zusammenhang belegen international vergleichende Studien wie die Pew Global Attidudes Surveys, dass die Bevölkerung in Deutschland dem Islam gegenüber weniger tolerant ist, als die Bevölkerung anderer Länder wie Frankreich und die Niederlande. Auch jüngere Untersuchungen zur gruppenbezogenen Menschenfeindlichkeit haben ein hohes Maß an islamfeindlichen Einstellung festgestellt (vgl. Eickhof 2010, S. 16). Vor allem in Zeiten von Pegida sollte diese Entwicklung ernst genommen werden, da die zunehmende Ablehnung des Islam „einen Nährboden für rechtspopulistische Parteien bietet, deren Programm meist auch eine politische Agenda gegen Muslime enthält" (Religionsmonitor 2015, S. 7). Ein anhaltend negatives Islambild kann diese Entwicklung durchaus auch stärken und die Interaktion von Muslimen und nicht-Muslimen belasten (Sachverständigenrat 2013, S. 5).

Zusammenfassend lässt sich sagen, dass die Mehrheit der Studien zum Islambild in den Medien übereinstimmend zu dem Ergebnis kommt, dass der Islam und die Muslime überwiegend negativ dargestellt werden. „Demnach kommt es zur Verallgemeinerung und Stereotypisierungen" (Gamper 2011, S. 37). Ferner wird der Islam in den Medien oftmals mit Konflikten, Terrorismus und der Unterdrückung der Frau in Verbindung gebracht wird (ebd.). Die Auswirkungen für die Muslime werden von den Medienmachern wahrscheinlich vollkommen ausgeblendet. Vor diesem Hintergrund sollte weiterhin eine verantwortungsbewusste und vor allem ausgewogene Berichterstattung über Muslime gefordert werden. Durch eine zunehmend ablehnende Haltung gegenüber Muslimen werden Interaktionen blockiert und damit auch der Abbau von Vorurteilen und Stereotypen verhindert. Die Bedeutung der Kontakte zu Muslimen wurde bereits in dem Abschnitt zum Religionsmonitor

2015 beschrieben. Fest steht, dass „Muslime [...] bei der Frage nach der Zukunft Deutschlands nicht mehr weg zu denken" (Spenlen 2013, 388). Für ein
besseres Miteinander brauchen die Journalisten „mehr Mut zu positiven The-
mensetzungen" (Hafez 2015)

> „Wir brauchen eine andere Interpretation des Islams, eine Interpretation des
> Islams, eine Interpretation, die Raum lässt für Menschenrechte und Frauen-
> rechte" (Shirin Ebadi, Friedensnobelpreisträgerin 2003, zitiert nach Schenk
> 2009).

Literaturverzeichnis

ALLPORT, Gordon W. (1971): Die Natur des Vorurteils. Köln. Kiepenheuer & Witsch.

BUTTERWEGGE, Christoph (1999): Massenmedien, Migrant/innen und Rassismus. Opladen. Leske+Budrich.

DAVIS, Earl E. (1964): Zum gegenwärtigen Stand der Vorurteilsforschung. - In: Vorurteile. Ihre Erforschung und ihre Bekämpfung. - Frankfurt/Main. Zit. n. Vorurteile und Fremdenfeindlichkeit. Handreichung für die politische Bildung. Hg. v. Klaus Ahlheim. - Schwalbach 31999, S. 39.

DERICHS, Claudia (2002): Wie ist es, ein Feind zu sein? Pauschalisierung des Islam und islamische Pluralität. In: Hippler, J. und Lueg, A. (Hg.): Feindbild Islam oder Dialog der Kulturen. Hamburg, S. 59 – 74.

DEUTSCHER PRESSERAT (1994): Publizistische Grundsätze (Pressekodex). Bonn: Druckerei Plump.

ENGELMANN, Kerstin et all. (2010): Muslimische Weblogs. Der Islam im deutschen Internet. Berlin, Frank & Timme Verlag GmbH.

FREY, C. (1995). Die intrapersonelle Balance-Theorie im Führungsverhalten. Voraussetzung für die Entwicklung von Führungspersönlichkeiten. Wiesbaden: Deutscher Universitäts Verlag. Guilarte.

GAMPER, Markus (2011): Islamischer Feminismus in Deutschland?, transcript Verlag, Bielefeld.

GERHARDS, Jürgen (1994): Politische Öffentlichkeit. Ein system- und akteurstheoretischer Bestimmungsversuch. In: Neidhardt, Friedhelm (Hg.): Öffentlichkeit, öffentliche Meinung, soziale Bewegungen. Opladen.

GOFFMANN, Erwing (1967): Stigma: Über Techniken der Bewältigung beschädigter Identität. Suhrkamp Verlag, Frankfurt am Main.

HAFEZ, Kai (1999): Antisemitismus, Philosemitismus und Islamfeindlichkeit: ein Vergleich ethnisch-religiöser Medienbilder, in: Christoph Butterwegge, Gudrun.

HAFEZ, Kai (2002): Die politische Dimension der Auslandsberichterstattung. Das Nahost- und Islambild der deutschen überregionalen Presse. (Bd.2) Baden-Baden: Nomos

HAFEZ, Kai (2002a): Freiheit, Gleichheit und Intoleranz, Der Islam in der liberalen Gesellschaft Deutschlands und Europas

HAFEZ, Kai (2002b): Heiliger Krieg und Demokratie, Radikalität und politischer Wandel im islamisch-westlichen Vergleich

HAFEZ, Kai (2002c): Schluss mit den Klagen. Krisenmanagement für Journalismus. In: Zeitschrift für Kultur- Austausch. Institut für Auslandsbeziehungen, Band 52, Heft 1, 2002, S. 100f.

HAFEZ, Kai (2006b): „Wirtschaft und Medien als Brücke" der Deutschen Islam Konferenz, vorgetragen am 9. November 2006 in Nürnberg.

HALM, Heinz(1991): Die Panikmacher. Wie im Westen der Islam zum neuen Feindbild aufgebaut wird, SZ 16/17.2.1991.

HERINGER, Hans-Jürgen (2010): Interkulturelle Kommunikation. UTB GmbH ; A. Francke.

HOFFMANN, Anne (2004): Islam in den Medien: Der publizistische Konflikt um Annemarie Schimmel. Lit. Verlag, Münster.

HÜBSCH, Khola Maryam (2008): Der Islam in den Medien. Das Framing bei der Darstellung der muslimischen Frau. VDM Verlag Dr. Müller, Saarbrücken.

LILLI, Waldemar (1982): Grundlagen der Stereotypisierung. Göttingen. Hogrefe Verlag.

LIPPMANN, Walter (1964): Die öffentliche Meinung. Verlag Rütten und Loening, München.

MALETZKE, Gerhard (1997): Psychologie der Massenmedien. Hans-Bredow Institut, Hamburg.

PETERSEN, Lars-Eric/SiX (2008): Stereotype, Vorurteile und soziale Diskriminierung: Theorien, Befunde und Interventionen. Beltz Verlag. Weinheim, Basel.

PIONTEK, Tobias (2009): Stigmatisierung im Erleben von Jugendlichen mit Erfahrungen in der Psychiatrie. Blumhardt.

SCHENK, Susan (2009): Das Islambild im internationalen Fernsehen: Ein Vergleich der Nachrichtensender Al-Jazeera English, BBC World und CNN International. Frank & Timme GmbH, Berlin.

SCHNEIDERS, Thorsten Gerald (2009): Islamfeindlichkeit. Wenn die Grenzen der Kritik verschwimmen. GWV Fachverlage GmbH, Wiesbaden.

STÜRMER/SIEM (2013): Sozialpsychologie der Gruppe. München. Reinhardt Verlag.

TAJFEL, Henri (1982): Gruppenkonflikt und Vorurteil: Entstehung und Funktion sozialer Stereotypen. Stuttgart. Bern Huber Verlag.

THIELE, Martina (2015): Medien und Stereptype. Konturen eines Forschungsfeldes. Bielefeldt. Transcript Verlag. Bielefeldt.

WAHL, Fabian (2011): Der Islam in den Medien: journalistische Qualität im Streit um die Mohammed-Karikaturen. Tectum-Verlag, Marburg.

Beiträge in Sammelwerken:

HAFEZ, Kai (2009): Mediengesellschaft – Wissensgesellschaft?. Gesellschaftliche Entstehungsbedingungen des Islambildes, in: Schneiders, Thorsten Gerald (Hrsg.): Islamfeindlichkeit. Wenn die Grenzen der Kritik verschwimmen, Wiesbaden, S. 99-118.

HOHMEIER, Jürgen (1975): Stigmatisierung als sozialer Definitionsprozeß, erschienen in: Manfred Brusten/Jürgen Hohmeier(Hrsg.), Stigmatisierung 1, Zur Produktion gesellschaftlicher Randgruppen, Darmstadt. S. 5 - 24 .

LUEG, Andrea (2002): Der Islam in den Medien, in: Hippler, Jochen/Lueg, Andrea (Hrsg.): Feindbild Islam oder Dialog der Kulturen, Hamburg, S. 16-34.

NAUMANN, Thomas (2009): Feindbild Islam – Historische und theologische Gründe einer europäischen Angst, in: Schneiders, Thorsten Gerald (Hrsg.): Islamfeindlichkeit. Wenn die Grenzen der Kritik verschwimmen, Wiesbaden, S. 19-36.

OTT, Claudia / MOHR, Hubert (1994): Zwischen Autopsie und Elfenbeinturm. In: Medienprojekt Tübinger Religionswissenschaft (Hrsg.): Der Islam in den Medien. Gütersloh.

PIGA, Andrea (2007): Mediennutzung von Migranten: Ein Forschungsüberblick. In: Bonfadelli, Heinz/Heinz Moser (Hrsg.): Medien und Migration: Europa als multikultureller Raum? Wiesbaden, S. 209–234.

PINN, Irmgard/Lehmann, Michael (1999): Tagungsbericht: Juden und Muslime in Deutschland. Gemeinsam fremd?, in: Hafez, Kai/Steinbach, Udo (Hrsg.): Juden und Muslime in Deutschland. Minderheitendialog als Zukunftsausgabe, Hamburg, S.24-62.

RÖSCH, Olga (1998): Mit Stereotypen leben? Wie Deutsche und Russen sich heute sehen. In: Rösch, Olga (Hrsg.): Interkulturelle Kommunikation in Geschäftsbeziehungen zwischen Russen und Deutschen. Berlin: News and Media . S. 53-63

SCHIFFER, Sabine (2007): Die Verfertigung des Islambildes in deutschen Medien, in: Jäger, Siegfried/Halm, Dirk (Hrsg.): Mediale Barrieren. Rassismus als Integrationshemmnis, Münster, S. 167-200.

SCHIFFER, Sabine (2013): Islam in deutschen Medien, in: Spenlen, Klaus (Hrsg.): Gehört der Islam zu Deutschland, Düsseldorf, S. 123-139

Aufsätze in Zeitschriften:

HAFEZ, Kai/Richter, Carola (2007): Das Islambild von ARD und ZDF, in: Aus Politik und Zeitgeschichte, Heft 26-27/2007, S. 40-46.

HAFEZ, Kai (2011): Aufgeklärte Islamophobie. Das Islambild deutscher Medien, in: Zimmermann/Geißler (Hrsg.): Islam Kultur Politik, Deutscher Kulturrat e.V. , S. 347-349.

Beiträge aus dem Internet:

Hafez, Kai: https://www.heise.de/tp/features/Der-Islam-wird-gar-nicht-mehr-als-Religion-angesehen-3369443.html

Mediendienst-Integration: https://mediendienst-integration.de/artikel/handbuch-fuer-journalisten-zum-thema-islam.html (Zugriff am 25.03.2017).

Mediendienst Integration: https://mediendienst-integration.de/artikel/handbuch-fuer-journalisten-zum-thema-islam.html

SCHIFFER, Sabine (2005): http://www.bpb.de/apuz/29060/der-islam-in-deutschenmedien?p=all

SCHIFFER, Sabine (2007): https://heimat-kunde.boell.de/2007/08/01/medien-als-spiegel-und-konstrukteur-gesellschaftlicher-vorstellungen-der-islam-deutschen

USLUCAN, Haci-Halil & SCHNEIDER Guntram (2011): Integrationspolitik in Nordrhein-Westfalen: http://library.fes.de/pdf-files/wiso/08085.pdf

WILKE, Jürgen (2012): http://www.bpb.de/politik/grundfragen/deutsche-verhaeltnisse-eine-sozialkunde/139163/funktionen-und-probleme?p=all